Pole Poppenspäler

D1856255

Theodor Storm

Pole Poppenspäler

Text, Entstehungsgeschichte, Quellen,
Schauplätze, Abbildungen

Mit den Textillustrationen des Erstdrucks
von Carl Offterdinger

Herausgegeben von Gerd Eversberg

Th. Storm-Gesellschaft
Storm-Haus
25813 Husum, Wasserreihe 31

BOYENS

Editionen aus dem Storm-Haus 2

Die Abbildungen im Text sind die Illustrationen des Erstdrucks in der „Deutschen Jugend“ aus dem Jahre 1874. Sie stammen von Carl Offterdinger (Storm-Archiv Husum)
Umschlag: Kasperle. Holzschnitt, 1850. In: Das Puppenspiel von Doktor Faust. Leipzig 1850

BOYENS
BUCHVERLAG

ISBN 978-3-8042-0577-2
3. Auflage 2008

© Boyens Medien GmbH & Co. KG, Heide 1992
Alle Rechte, auch die des auszugsweisen oder fotomechanischen Nachdrucks, vorbehalten.
Herstellung: Boyens Buchverlag, Heide
Druck: Boyens Offset
Printed in Germany

Inhalt

Pole Poppenspäler

Ich hatte in meiner Jugend einige Fertigkeit im Drechseln und beschäftigte mich sogar wohl etwas mehr damit, als meinen gelehrten Studien zuträglich war; wenigstens geschah es, daß mich eines Tages der Subrektor bei Rückgabe eines nicht eben fehlerlosen Exercitiums seltsamerweise fragte, ob ich vielleicht wieder eine Nähschraube zu meiner Schwester Geburtstag gedrechselt hätte. Solche kleine Nachteile wurden indessen mehr als aufgewogen durch die Bekanntschaft mit einem trefflichen Manne, die mir infolge jener Beschäftigung zuteil wurde. Dieser Mann war der Kunstdrechsler und Mechanikus Paul Paulsen, auch deputierter Bürger unserer Stadt. Auf die Bitte meines Vaters, der für alles, was er mich unternehmen sah, eine gewisse Gründlichkeit forderte, verstand er sich dazu, mir die für meine kleinen Arbeiten erforderlichen Handgriffe beizubringen.

Paulsen besaß mannigfache Kenntnisse und war dabei nicht nur von anerkannter Tüchtigkeit in seinem eigenen Handwerk, sondern er hatte auch eine Einsicht in die künftige Entwicklung der Gewerke überhaupt, so daß bei manchem, was jetzt als neue Wahrheit verkündigt wird, mir plötzlich einfällt: das hat dein alter Paulsen ja schon vor vierzig Jahren gesagt. – Es gelang mir bald seine Zuneigung zu erwerben, und er sah es gern, wenn ich noch außer den festgesetzten Stunden am Feierabend einmal zu ihm kam. Dann saßen wir entweder in der Werkstätte, oder Sommers – denn unser Verkehr hat Jahre lang gedauert – auf der Bank unter der großen Linde seines Gärtchens. In den Gesprächen, die wir dabei führten, oder vielmehr, welche mein älterer Freund dabei mit m i r führte, lernte ich Dinge kennen und auf Dinge meine Gedanken richten, von denen, so wichtig sie im Leben sind, ich

später selbst in meinen Primaner-Schulbüchern keine Spur gefunden habe.
Paulsen war seiner Abkunft nach ein Friese und der Charakter dieses Volksstammes aufs Schönste in seinem Antlitz ausgeprägt; unter dem schlichten blonden Haar die denkende Stirn und die blauen sinnenden Augen; dabei hatte, vom Vater ererbt, seine Stimme noch etwas von dem weichen Gesang seiner Heimatsprache.
Die Frau dieses nordischen Mannes war braun und von zartem Gliederbau, ihre Sprache von unverkennbar süddeutschem Klange. Meine Mutter pflegte von ihr zu sagen, ihre schwarzen Augen könnten einen See ausbrennen, in ihrer Jugend aber sei sie von seltener Anmut gewesen. –
Trotz der silbernen Fädchen, die schon ihr Haar durchzogen, war auch jetzt die Lieblichkeit dieser Züge noch nicht verschwunden, und das der Jugend angeborene Gefühl für Schönheit veranlaßte mich bald, ihr, wo ich immer konnte, mit kleinen Diensten und Gefälligkeiten an die Hand zu gehen.
„Da schau mir nur das Buberl“, sagte sie dann wohl zu ihrem Mann; „wirst doch nit eifersüchtig werden, Paul!“
Dann lächelte Paul. Und aus ihren Scherzworten und aus seinem Lächeln sprach das Bewußtsein innigsten Zusammengehörens.
Sie hatten außer einem Sohne, der damals in der Fremde war, keine Kinder, und vielleicht war ich den beiden zum Teil deshalb so willkommen, zumal Frau Paulsen mir wiederholt versicherte, ich habe grad' ein so lustigs Naserl wie ihr Joseph. Nicht verschweigen will ich, daß letztere auch eine mir sehr zusagende, in unserer Stadt aber sonst gänzlich unbekannte Mehlspeise zu bereiten verstand und auch nicht unterließ, mich dann und wann darauf zu Gaste zu bitten. – So waren denn dort der Anziehungskräfte für mich genug. Von meinem Vater aber wurde mein Verkehr in dem tüchtigen Bürgerhause gern gesehen. „Sorge nur,

daß du nicht lästig fällst!“ war das einzige, woran er in dieser Beziehung zuweilen mich erinnerte. Ich glaube indessen nicht, daß ich meinen Freunden je zu oft gekommen bin.
Da geschah es eines Tages, daß in meinem elterlichen Hause einem alten Herrn aus unserer Stadt das neueste und wirklich ziemlich gelungene Werk meiner Hände vorgezeigt wurde.
Als dieser seine Bewunderung zu erkennen gab, bemerkte mein Vater dagegen, daß ich ja aber auch schon seit fast einem Jahr bei Meister Paulsen in der Lehre sei. „So, so“, erwiderte der alte Herr; „bei Pole Poppenspäler!“
Ich hatte nie gehört, daß mein Freund einen solchen Beinamen führe, und fragte, vielleicht ein wenig naseweis, was das bedeuten solle.
Aber der alte Herr lächelte nur ganz hinterhaltig und wollte keine weitere Auskunft geben. –
Zum kommenden Sonntag war ich von den Paulsenschen Eheleuten auf den Abend eingeladen, um ihnen ihren Hochzeitstag feiern zu helfen. Es war im Spätsommer, und da ich mich frühzeitig auf den Weg gemacht und die Hausfrau noch in der Küche zu wirtschaften hatte, so ging Paulsen mit mir in den Garten, wo wir uns zusammen unter der großen Linde auf die Bank setzten. Mir war das „Pole Poppenspäler“ wieder eingefallen, und es ging mir so im Kopf herum, daß ich kaum auf seine Reden Antwort gab; endlich, da er mich fast ein wenig ernst wegen meiner Zerstreuung zurechtgewiesen hatte, fragte ich ihn gradezu, was jener Beiname zu bedeuten habe.
Er wurde sehr zornig. „Wer hat dich das dumme Wort gelehrt?“ rief er, indem er von seinem Sitze aufsprang. Aber, bevor, ich noch zu antworten vermochte, saß er schon wieder neben mir. „Laß, laß!“ sagte er sich besinnend; „es bedeutet ja eigentlich das Beste, was das Leben mir gegeben hat. – Ich will es dir erzählen; wir haben wohl noch Zeit dazu. –

In diesem Haus und Garten bin ich aufgewachsen, meine braven Eltern wohnten hier, und hoffentlich wird einst mein Sohn hier wohnen! – Daß ich ein Knabe war, ist nun schon lange her; aber gewisse Dinge aus jener Zeit stehen noch, wie mit farbigem Stift gezeichnet, vor meinen Augen.

Neben unserer Haustür stand damals eine kleine weiße Bank mit grünen Stäben in den Rück- und Seitenlehnen, von der man nach der einen Seite die lange Straße hinab bis an die Kirche, nach der anderen aus der Stadt hinaus bis in die Felder sehen konnte. An Sommerabenden saßen meine Eltern hier, der Ruhe nach der Arbeit pflegend; in den Stunden vorher aber pflegte ich sie in Beschlag zu nehmen und hier in der freien Luft und unter erquickendem Ausblick nach Ost und West meine Schularbeit anzufertigen. So saß ich auch eines Nachmittags – ich weiß noch gar wohl, es war im September, eben nach unserem Michaelis-Jahrmarkte – und schrieb für den Rechenmeister meine Algebra-Exempel auf die Tafel, als ich unten von der Straße ein seltsames Gefährt heraufkommen sah. Es war ein zweirädriger Karren, der von einem kleinen rauhen Pferde gezogen wurde. Zwischen zwei ziemlich hohen Kisten, mit denen er beladen war, saß eine große blonde Frau mit steifen hölzernen Gesichtszügen und ein etwa neunjähriges Mädchen, das sein schwarzhaariges Köpfchen lebhaft von einer Seite nach der anderen drehte; nebenher ging, den Zügel in der Hand, ein kleiner, lustig blickender Mann, dem unter seiner grünen Schirmmütze die kurzen schwarzen Haare wie Spieße vom Kopfe abstanden.

So, unter dem Gebimmel eines Glöckchens, das unter dem Halse des Pferdes hing, kamen sie heran. Als sie die Straße von unserem Hause erreicht hatten, machte der Karren Halt. „Du Bub'", rief die Frau zu mir herüber; „wo ist denn die Schneiderherberg'?"

Mein Griffel hatte schon lange geruht; nun sprang ich eilfertig auf und trat an den Wagen. „Ihr seid grad' davor", sagte ich und wies auf das alte Haus mit der viereckig geschorenen Linde, das, wie du weißt, noch jetzt hier gegenüber liegt.

Das feine Dirnchen war zwischen den Kisten aufgestanden, streckte das Köpfchen aus der Kapuze ihres verschossenen Mäntelchens und sah mit ihren großen Augen auf mich herab; der Mann aber, mit einem „Sitz ruhig, Diendl!“ und „Schönen Dank, Bub!“ peitschte auf den kleinen Gaul und fuhr vor die Tür des bezeichneten Hauses, aus dem auch schon der dicke Herbergsvater in seiner grünen Schürze ihm entgegentrat.

Daß die Ankömmlinge nicht zu den zunftberechtigten Gästen des Hauses gehörten, mußte mir freilich klar sein; aber es pflegten dort – was mir jetzt, wenn ich es bedenke, mit der Reputation des wohlehrsamen Handwerks sich keineswegs reimen will – auch andere, mir viel angenehmere Leute einzukehren. Droben im zweiten Stock, wo noch heute statt der Fenster nur einfache Holzluken auf die Straße gehen, war das hergebrachte Quartier aller fahrenden Musikanten, Seiltänzer oder Tierbändiger, welche in unserer Stadt ihre Kunst zum Besten gaben.

Und richtig, als ich am anderen Morgen oben in meiner Kammer vor dem Fenster stand und meinen Schulsack schnürte, wurde drüben eine der Luken aufgestoßen; der kleine Mann mit den schwarzen Haarspießen steckte seinen Kopf ins Freie und dehnte sich mit beiden Armen in die frische Luft hinaus; dann wandte er den Kopf hinter sich nach dem dunklen Raum zurück und ich hörte ihn „Lisei! Lisei!“ rufen. – Da drängte sich unter seinem Arm ein rosiges Gesichtlein vor, um das wie eine Mähne das schwarze Haar herabfiel. Der Vater wies mit dem Finger nach mir herüber, lachte und zupfte sie ein paarmal an ihren seidenen Strähnen. Was er zu ihr sprach, habe ich nicht verstehen können; aber es mag wohl ungefähr gelautet haben: „Schau dir ihn an, Lisei! Kennst ihn noch, den Bubn von gestern? – Der arme Narr, da muß er nun gleich mit

dem Ranzen in die Schule traben! – Was du für ein glücklichs Diendl bist, die du allweg' nur mit unserem Braunen Land ab Land auf zu fahren brauchst!“ Wenigstens sah die Kleine ganz mitleidig zu mir herüber, und als ich es wagte, ihr freundlich zuzunicken, nickte sie sehr ernsthaft wieder.

Bald aber zog der Vater seinen Kopf zurück und verschwand im Hintergrund seines Bodenraumes. Statt seiner trat jetzt die große blonde Frau zu dem Kinde; sie bemächtigte sich ihres Kopfes und begann ihr das Haar zu strählen. Das Geschäft schien schweigend vollzogen zu werden, und das Lisei durfte offenbar nicht mucksen, obgleich es

mehrmals, wenn ihr der Kamm so in den Nacken hinabfuhr, die eckigsten Figuren mit ihrem roten Mäulchen bildete. Nur einmal hob sie den Arm und ließ ein langes Haar über die Linde draußen in die Morgenluft hinausfliegen. Ich konnte von meinem Fenster aus es glänzen sehen; denn die Sonne war eben durch den Herbstnebel gedrungen und schien drüben auf den oberen Teil des Herberghauses.
Auch in den vorhin undurchdringlich dunklen Bodenraum konnte ich jetzt hineinsehen. Ganz deutlich erblickte ich in einem dämmerigen Winkel den Mann an einem Tische sitzen; in seiner Hand blinkte etwas wie Gold oder Silber; dann wieder war's wie ein Gesicht mit einer ungeheuren Nase; aber so sehr ich meine Augen anstrengte, ich vermochte nicht klug daraus zu werden. Plötzlich hörte ich, als wenn etwas Hölzernes in einen Kasten geworfen würde, und nun stand der Mann auf und lehnte aus einer zweiten Luke sich wieder auf die Straße hinaus.
Die Frau hatte indessen der kleinen schwarzen Dirne ein verschossenes rotes Kleidchen angezogen und ihr die Haarflechten wie einen Kranz um das runde Köpfchen gelegt.
Ich sah noch immer hinüber. „Einmal", dachte ich, „könnte sie doch wieder nicken!"
„– – Paul, Paul!" hörte ich plötzlich unten aus unserem Hause die Stimme meiner Mutter rufen.
„Ja, ja, Mutter!"
Es war mir ordentlich wie ein Schrecken in die Glieder geschlagen.
„Nun," rief sie wieder, „der Rechenmeister wird dir schön die Zeit verdeutschen! Weißt du denn nicht, daß es lang schon Sieben geschlagen hat?"
Wie rasch polterte ich die Treppe hinunter!
Aber ich hatte Glück! der Rechenmeister war gerade dabei, seine Bergamotten abzunehmen, und die halbe Schule befand sich in seinem Garten, um mit Händen und Mäulern ihm dabei zu helfen. Erst um neun Uhr saßen wir

Alle mit heißen Backen und lustigen Gesichtern an Tafel und Rechenbuch auf unseren Bänken.
Als ich um elf, die Taschen noch von Birnen starrend, aus dem Schulhof trat, kam eben der dicke Stadt-Ausrufer die Straße herauf. Er schlug mit dem Schlüssel an sein blankes Messingbecken und rief mit seiner Bierstimme:
„Der Mechanikus und Puppenspieler Herr Joseph Tendler aus der Residenzstadt München ist gestern hier angekommen und wird heute abend im Schützenhof-Saale seine erste Vorstellung geben. Vorgestellt wird Pfalzgraf Siegfried und die heilige Genovefa, Puppenspiel mit Gesang in vier Aufzügen."
Dann räusperte er sich und schritt würdevoll in der meinem Heimwege entgegengesetzten Richtung weiter. Ich folgte ihm von Straße zu Straße, um wieder und wieder die entzückende Verkündigung zu hören; denn niemals hatte ich eine Komödie, geschweige denn ein Puppenspiel gesehen. – Als ich endlich umkehrte, sah ich ein rotes Kleidchen mir entgegenkommen; und wirklich, es war die kleine Puppenspielerin; trotz ihres verschossenen Anzuges schien sie mir von einem Märchenglanz umgeben.
Ich faßte mir ein Herz und redete sie an: „Willst du spazieren gehen, Lisei?"
Sie sah mich mißtrauisch aus ihren schwarzen Augen an. „Spazieren?" wiederholte sie gedehnt. „Ach du! – du bist g'scheidt!"
„Wohin willst du denn?"
– „Zum Ellen-Kramer will i!"
„Willst du dir ein neues Kleid kaufen?" fragte ich tölpelhaft genug. Sie lachte laut auf.
„Geh! laß mi aus! – Nein; nur so Fetzl'n!"
„Fetzl'n, Lisei?"
– „Freili! Halt nur so Resteln zu G'wandl' für die Pupp'n; 's kost't immer nit viel!"
Ein glücklicher Gedanke fuhr mir durch den Kopf. Ein alter Onkel von mir hatte damals am Markte hier eine El-

lenwarenhandlung, und sein alter Ladendiener war mein guter Freund. „Komm mit mir!“ sagte ich kühn; „es soll dir gar nichts kosten, Lisei!“

„Meinst?“ fragte sie noch; dann liefen wir beide nach dem Markt und in das Haus des Onkels. Der alte Gabriel stand wie immer in seinem pfeffer- und salzfarbenen Rock hinter dem Ladentisch, und als ich ihm unser Anliegen deutlich gemacht hatte, kramte er gutmütig einen Haufen „Rester“ auf den Tisch zusammen.

„Schau, das hübsch Brinnrot!“ sagte Lisei, und nickte begehrlich nach einem Stückchen französischen Kattuns hinüber.

„Kannst es brauchen?“ fragte Gabriel. – Ob sie es brauchen konnte! Der Ritter Siegfried sollte ja auf den Abend noch eine neue Weste geschneidert bekommen.

„Aber da gehören auch die Tressen noch dazu“, sagte der Alte, und brachte allerlei Endchen Gold- und Silberflittern. Bald kamen noch grüne und gelbe Seidenläppchen und Bänder, endlich ein ziemlich großes Stück braunen Plüsches. „Nimm's nur, Kind!“ sagte Gabriel; „das gibt ein Tierfell für eure Genovefa, wenn das alte vielleicht verschossen wäre!“ Dann packte er die ganze Herrlichkeit zusammen und legte sie der Kleinen in den Arm.

„Und es kost't nix?“ fragte sie beklommen.

Nein, es kostete nichts. Ihre Augen leuchteten.

„Schön' Dank, guter Mann! Ach, wird der Vater schauen!“

Hand in Hand, Lisei mit ihrem Päckchen unter dem Arm, verließen wir den Laden; als wir aber in die Nähe unserer Wohnung kamen, ließ sie mich los und rannte über die Straße nach der Schneiderherberge, daß ihr die schwarzen Flechten in den Nacken flogen.

– – Nach dem Mittagessen stand ich vor unserer Haustür und erwog unter Herzklopfen das Wagnis, schon heute zur ersten Vorstellung meinen Vater um das Eintrittsgeld anzugehen; ich war ja mit der Gallerie zufrieden, und die sollte für uns Jungens nur einen Doppelschilling kosten.

Da, bevor ich's noch bei mir ins Reine gebracht hatte, kam das Lisei über die Straße zu mir her geflogen. „Der Vater schickt's!" sagte sie, und eh' ich mich's versah, war sie wieder fort; aber in meiner Hand hielt ich eine rote Karte, darauf stand mit großen Buchstaben: Erster Platz. Als ich aufblickte, winkte auch von drüben der kleine schwarze Mann mit beiden Armen aus der Bodenluke zu mir herüber. Ich nickte ihm zu; was mußten das für nette Leute sein, diese Puppenspieler! „Also heute Abend", sagte ich zu mir selber; „heute Abend, und – Erster Platz!"

* * *

– – Du kennst unseren Schützenhof in der Süderstraße; auf der Haustür sah man damals noch einen schön gemalten Schützen, in Lebensgröße, mit Federhut und Büchse; im übrigen war aber der alte Kasten damals noch baufälliger, als er heute ist. Die Gesellschaft war bis auf drei Mitglieder herabgesunken; die vor Jahrhunderten von den alten Landesherzögen geschenkten silbernen Pokale, Pulverhörner und Ehrenketten waren nach und nach verschleudert; den großen Garten, der, wie du weißt, auf den Bürgersteig hinausläuft, hatte man zur Schaf- und Ziegengräsung verpachtet. Das alte zweistöckige Haus wurde von niemandem weder bewohnt noch gebraucht; windrissig und verfallen stand es da zwischen den munteren Nachbarhäusern; nur in dem öden weißgekalkten Saale, der fast das ganze obere Stockwerk einnahm, produzierten mitunter starke Männer oder durchreisende Taschenspieler ihre Künste. Dann wurde unten die große Haustür mit dem gemalten Schützenbruder knarrend aufgeschlossen.

– – Langsam war es Abend geworden; und – das Ende trug die Last, denn mein Vater wollte mich erst fünf Minuten vor dem angesetzten Glockenschlage laufen lassen;

er meinte, eine Übung in der Geduld sei sehr vonnöten, damit ich im Theater stille sitze.
Endlich war ich an Ort und Stelle. Die große Tür stand offen, und allerlei Leute wanderten hinein; denn derzeit ging man noch gern zu solchen Vergnügungen; nach Hamburg war eine weite Reise, und nur wenige hatten sich die kleinen Dinge zu Hause durch die dort zu schauenden Herrlichkeiten leid machen können. – Als ich die eichene Wendeltreppe hinaufgestiegen war, fand ich Lisei's Mutter am Eingange des Saales an der Kasse sitzen. Ich näherte mich ihr ganz vertraulich und dachte, sie würde mich so recht als einen alten Bekannten begrüßen; aber sie saß stumm und starr, und nahm mir meine Karte ab, als wenn ich nicht die geringste Beziehung zu ihrer Familie hätte. – Etwas gedemütigt trat ich in den Saal; der kommenden Dinge harrend, plauderte alles mit halber Stimme durcheinander; dazu fiedelte unser Stadtmusikus mit drei seiner Gesellen. Das erste, worauf meine Augen fielen, war in der Tiefe des Saales ein roter Vorhang oberhalb der Musikantenplätze. Die Malerei in der Mitte desselben stellte zwei lange Trompeten vor, die kreuzweise über einer goldenen Leier lagen; und, was mir damals sehr sonderbar erschien, an dem Mundstück einer jeden hing, wie mit den leeren Augen darauf geschoben, hier eine finster, dort eine lachend ausgeprägte Maske. – Die drei vordersten Plätze waren schon besetzt; ich drängte mich in die vierte Bank, wo ich einen Schulkameraden bemerkt hatte, der dort neben seinen Eltern saß. Hinter uns bauten sich die Plätze schräg ansteigend in die Höhe, so daß der letzte, die sogenannte Galerie, welche nur zum Stehen war, sich fast mannshoch über dem Fußboden befinden mochte. Auch dort schien es wohl gefüllt zu sein; genau vermochte ich es nicht zu sehen, denn die wenigen Talglichter, welche in Blechlampetten an den beiden Seitenwänden brannten, verbreiteten nur eine schwache Helligkeit; auch dunkelte die schwere Balkendecke des

Saales. Mein Nachbar wollte mir eine Schulgeschichte erzählen; ich begriff nicht, wie er an so etwas denken konnte, ich schaute nur auf den Vorhang, der von den Lampen des Podiums und der Musikantenpulte feierlich beleuchtet war. Und jetzt ging ein Wehen über seine Fläche, die geheimnisvolle Welt hinter ihm begann sich schon zu regen; noch einen Augenblick, da erscholl das Läuten eines Glöckchens, und während unter den Zuschauern das summende Geplauder wie mit einem Schlage verstummte, flog der Vorhang in die Höhe. – Ein Blick auf die Bühne versetzte mich um tausend Jahre rückwärts. Ich sah in einen mittelalterlichen Burghof mit Turm und Zugbrükke; zwei kleine ellenlange Leute standen in der Mitte und redeten lebhaft miteinander. Der eine mit dem schwarzen Barte, dem silbernen Federhelm und dem goldgestickten Mantel über dem roten Unterkleide war der Pfalzgraf Siegfried; er wollte gegen die heidnischen Mohren in den Krieg reiten, und befahl seinem jungen Hausmeister Golo, der in blauem silbergestickten Wamse neben ihm stand, zum Schutze der Pfalzgräfin Genovefa in der Burg zurückzubleiben. Der treulose Golo aber tat gewaltig wild, daß er seinen guten Herrn so allein in das grimme Schwerterspiel sollte reiten lassen. Sie drehten bei diesen Wechselreden die Köpfe hin und her und fochten heftig und ruckweise mit den Armen.

– Da tönten kleine langgezogene Trompetentöne von draußen hinter der Zugbrücke, und zugleich kam auch die schöne Genovefa in himmelblauem Schleppkleide hinter dem Turm hervorgestürzt und schlug beide Arme über des Gemahls Schultern: „O mein herzallerliebster Siegfried, wenn dich die grausamen Heiden nur nicht massakrieren!" Aber es half ihr nichts; noch einmal ertönten die Trompeten, und der Graf schritt steif und würdevoll über die Zugbrücke aus dem Hof; man hörte deutlich draußen den Abzug des gewappneten Trupps. Der böse Golo war jetzt Herr der Burg. –

Und nun spielte das Stück sich weiter, wie es in deinem Lesebuche gedruckt steht. – Ich war auf meiner Bank ganz wie verzaubert; diese seltsamen Bewegungen, diese feinen oder schnarrenden Puppenstimmchen, die denn doch wirklich aus ihrem Munde kamen, – es war ein unheimliches Leben in diesen kleinen Figuren, das gleichwohl meine Augen wie magnetisch auf sich zog.
Im zweiten Rufzuge aber sollte es noch besser kommen. – Da war unter den Dienern auf der Burg einer im gelben Nankinganzug, der hieß Kasperl. Wenn d i e s e r Bursche nicht lebendig war, so war noch niemals etwas lebendig gewesen; er machte die ungeheuersten Witze, so daß der ganze Saal vor Lachen bebte; in seiner Nase, die so groß wie eine Wurst war, mußte er jedenfalls ein Gelenk haben; denn wenn er so sein dumm-pfiffiges Lachen herausschüttelte, so schlenkerte der Nasenzipfel hin und her, als wenn auch er sich vor Lustigkeit nicht zu lassen wüßte; dabei riß der Kerl seinen großen Mund auf und knackte, wie eine alte Eule, mit den Kinnbacksknochen. „Pardauz!“ schrie es; so kam er immer auf die Bühne gesprungen; dann stellte er sich hin und sprach erst bloß mit seinem großen Daumen; den konnte er so ausdrucksvoll hin und wieder drehen, daß es ordentlich ging wie „Hier nix und da nix; kriegst du nix, so hast du nix!“ Und dann sein Schielen; – das war so verführerisch, daß im Augenblick dem ganzen Publikum die Augen verquer im Kopfe standen. Ich war ganz vernarrt in den lieben Kerl!
Endlich war das Spiel zu Ende, und ich saß wieder zu Hause in unserer Wohnstube und verzehrte schweigend das Aufgebratene, das meine gute Mutter mir warm gestellt hatte. Mein Vater saß im Lehnstuhl und rauchte seine Abendpfeife. „Nun, Junge“, rief er, „waren sie lebendig?“ „Ich weiß nicht, Vater“, sagte ich und arbeitete weiter in meiner Schüssel; mir war noch ganz verwirrt zu Sinne.
Er sah mir eine Weile mit seinem klugen Lächeln zu. „Höre, Paul“, sagte er dann, „du darfst nicht zu oft in die-

sen Puppenkasten; die Dinger könnten dir am Ende in die Schule nachlaufen."

* * *

Mein Vater hatte nicht Unrecht. Die Algebra-Aufgaben gerieten mir in den beiden nächsten Tagen so mäßig, daß der Rechenmeister mich von meinem ersten Platz herabzusetzen drohte. – Wenn ich in meinem Kopfe rechnen wollte: „a + b gleich x – c", so hörte ich statt dessen vor meinen Ohren die feine Vogelstimme der schönen Genovefa: „Ach, mein herzallerliebster Siegfried, wenn dich die bösen Heiden nur nicht massakrieren!" Einmal – aber es hat niemand gesehen – schrieb ich sogar „x + Genovefa" auf die Tafel. – Des Nachts in meiner Schlafkammer rief es einmal ganz laut „Pardauz" und mit einem Satz kam der liebe Kasperl in seinem Nankinganzug zu mir ins Bett gesprungen, stemmte seine Arme zu beiden Seiten meines Kopfes in das Kissen und rief grinsend auf mich herabnickend: „Ach, du liebs Brüderl, ach, du herztausig liebs Brüderl!" dabei hackte er mir mit seiner langen roten Nase in die meine, daß ich davon erwachte. Da sah ich denn freilich, daß es nur ein Traum gewesen war.

Ich verschloß das alles in meinem Herzen und wagte zu Hause kaum den Mund aufzutun von der Puppenkomödie. Als aber am nächsten Sonntag der Ausrufer wieder durch die Straßen ging, an sein Becken schlug und laut verkündigte: „Heute Abend auf dem Schützenhof: Doktor Faust's Höllenfahrt, Puppenspiel in vier Aufzügen!" – da war es doch nicht länger auszuhalten. Wie die Katze um den süßen Brei, so schlich ich um meinen Vater herum, und endlich hatte er meinen stummen Blick verstanden. – „Pole", sagte er, „es könnte dir ein Tropfen Blut vom Herzen gehen; vielleicht ist's die beste Kur, dich einmal gründlich satt zu machen." Damit langte er in die Westentasche und gab mir einen Doppeltschilling.

Ich rannte sofort aus dem Hause; erst auf der Straße wurde es mir klar, daß ja noch acht lange Stunden bis zum Anfang der Komödie abzuleben waren. So lief ich denn hinter den Gärten auf den Bürgersteig. Als ich an den offenen Grasgarten des Schützenhofs gekommen war, zog es mich unwillkürlich hinein; vielleicht, daß gar einige Puppen dort oben aus den Fenstern guckten; denn die Bühne lag ja an der Rückseite des Hauses. Aber ich mußte dann erst durch den oberen Teil des Gartens, der mit Linden- und Kastanienbäumen dicht bestanden war. Mir wurde etwas zag zumute; ich wagte doch nicht weiter vorzudringen. Plötzlich erhielt ich von einem großen hier angepflockten Ziegenbock einen Stoß in den Rücken, daß ich um zwanzig Schritte weiter flog. Das half; als ich mich umsah, stand ich schon unter den Bäumen.

Es war ein trüber Herbsttag; einzelne gelbe Blätter sanken schon zur Erde; über mir in der Luft schrieen ein paar Strandvögel, die ans Haff hinausflogen; kein Mensch war zu sehen, noch zu hören. Langsam schritt ich durch das Unkraut, das auf den Steigen wucherte, bis ich einen schmalen Steinhof erreicht hatte, der den Garten von dem Hause trennte. – Richtig! dort oben schauten zwei große Fenster in den Hof herab; aber hinter den kleinen in Blei gefaßten Scheiben war es schwarz und leer, keine Puppe war zu sehen. Ich stand eine Weile, mir wurde ganz unheimlich in der mich rings umgebenden Stille.

Da sah ich, wie unten die schwere Hoftür von innen eine Hand breit geöffnet wurde, und zugleich lugte auch ein schwarzes Köpfchen daraus hervor.

„Lisei!" rief ich.

Sie sah mich groß mit ihren dunklen Augen an. „B'hüt' Gott!" sagte sie; „hab i doch nit gewußt, was da außa rum kraxln tät! Wo kommst denn du daher?"

„Ich? – Ich geh' spazieren, Lisei! – Aber sag' mir, spielt ihr denn schon jetzt Komödie?"

Sie schüttelte lachend den Kopf.

„Aber, was machst du denn hier?“ fragte ich weiter, indem ich über den Steinhof zu ihr trat.
„I wart' auf den Vater“, sagte sie; „er ist ins Quartier, um Band und Nagel zu holen; er macht's halt firti für heunt Abend.“
„Bist du denn ganz allein hier, Lisei?“
– „O nei; du bist ja aa no da!“
„Ich meine“, sagte ich, „ob nicht deine Mutter oben auf dem Saal ist?“
Nein, die Mutter saß in der Herberge und besserte die Puppenkleider aus; das Lisei war hier ganz allein.
„Hör'“, begann ich wieder, „du könntest mir einen Gefallen tun; es ist unter euren Puppen einer, der heißt Kasperl; den möcht ich gar zu gern einmal in der Nähe sehen.“
„Den Wurst'l meinst?“ sagte Lisei, und schien sich eine Weile zu bedenken. „Nu, es ging scho; aber g'schwind mußt sein, eh' denn der Vater wieder da ist!“
Mit diesen Worten waren wir schon ins Haus getreten und liefen eilig die steile Wendeltreppe hinauf. – Es war fast dunkel in dem großen Saale; denn die Fenster, welche sämtlich nach dem Hofe hinaus lagen, waren von der Bühne verdeckt; nur einzelne Lichtstreifen fielen durch die Spalten des Vorhangs.
„Komm!“ sagte Lisei und hob seitwärts an der Wand die dort aus einem Teppich bestehende Verkleidung in die Höhe; wir schlüpften hindurch, und da stand ich in dem Wundertempel. – Aber, von der Rückseite betrachtet, und hier in der Tageshelle, sah er ziemlich kläglich aus; ein Gerüst aus Latten und Brettern, worüber einige bunt bekleckste Leinwandstücke hingen: das war der Schauplatz, auf welchem das Leben der heiligen Genovefa so täuschend an mir vorübergegangen war. – Doch, ich hatte mich zu früh beklagt; dort, an einem Eisendrahte, der von einer Kulisse nach der Wand hinübergespannt war, sah ich zwei der wunderbaren Puppen schweben; aber sie hingen

mit dem Rücken gegen mich, so daß ich sie nicht erkennen konnte.
„Wo sind die anderen, Lisei?“ fragte ich; denn ich hätte gern die ganze Gesellschaft auf einmal mir besehen. „Hier im Kas’“, sagte Lisei und klopfte mit ihrer kleinen Faust auf eine im Winkel stehende Kiste; „die zwei da sind scho zug’richt; aber geh nur her dazu und schau’s dir a; er is scho dabei, dei Freund, der Kasperl!“
Und wirklich, er war es selber. „Spielt denn der heute Abend auch wieder mit?“ fragte ich.
„Freili, der is allimal dabei!“
Mit untergeschlagenen Armen stand ich und betrachtete meinen lieben lustigen Allerweltskerl. Da baumelte er, an sieben Schnüren aufgehenkt; sein Kopf war vorn übergesunken, daß seine großen Augen auf den Fußboden stierten, und ihm die rote Nase wie ein breiter Schnabel auf der Brust lag. „Kasperle, Kasperle“, sagte ich bei mir selber, wie hängst du da elendiglich!“ Da antwortete es ebenso: „Wart’ nur, lieb’s Brüderl, wart’ nur bis heut Abend!“
– War das auch nur so in meinen Gedanken, oder hatte Kasperl selbst zu mir gesprochen? –
Ich sah mich um. Das Lisei war fort; sie war wohl vor die Haustür, um die Rückkehr ihres Vaters zu überwachen. Da hörte ich sie eben noch von dem Ausgang des Saales rufen: „Daß d’ mir aber nit an die Puppen rührst!“ – – Ja, – nun konnte ich es aber doch nicht lassen. Leise stieg ich auf eine neben mir stehende Bank und begann erst an der einen, dann an der anderen Schnur zu ziehen; die Kinnladen fingen an zu klappen, die Arme hoben sich, und jetzt fing auch der wunderbare Daumen an ruckweise hin- und herzuschießen. Die Sache machte gar keine Schwierigkeit; ich hatte mir die Puppenspielerei doch kaum so leicht gedacht. – Aber die Arme bewegten sich nur nach vorn und hinten aus; und es war doch gewiß, daß Kasperle sie in dem neuerlichen Stück auch seitwärts ausgestreckt, ja daß er sie sogar über dem Kopfe zusammengeschlagen hatte!

Ich zog an allen Drähten, ich versuchte mit der Hand die Arme abzubiegen; aber es wollte nicht gelingen. Auf einmal tat es einen leisen Krach im Innern der Figur. „Halt!“ dachte ich; „Hand vom Brett! Da hättest du können Unheil anrichten!“

Leise stieg ich wieder von meiner Bank herab, und zugleich hörte ich auch Lisei von außen in den Saal treten. „G'schwind, g'schwind!“ rief sie und zog mich durch das Dunkel an die Wendeltreppe hinaus: „'s is eigentli nit Recht“, fuhr sie fort, „daß i di eilass'n hab'; aber, gel', du hast doch dei Gaudi g'habt!“

Ich dachte an den leisen Krach von vorhin. „Ach, es wird ja nichts gewesen sein!“ Mit dieser Selbsttröstung lief ich die Treppe hinab und durch die Hintertür ins Freie.

So viel stand fest, der Kasper war doch nur eine richtige Holzpuppe; aber das Lisei – was das für eine allerliebste Sprache führte! und wie freundlich sie mich gleich zu den Puppen mit hinaufgenommen hatte! – Freilich, und sie hatte es ja auch selbst gesagt, daß sie es so heimlich vor ihrem Vater getan, daß war nicht völlig in der Ordnung.

Unlieb – zu meiner Schande muß ich's gestehen – war diese Heimlichkeit mir grade nicht; im Gegenteil, die Sache bekam für mich dadurch noch einen würzigen Beigeschmack, und es muß ein recht selbstgefälliges Lächeln auf meinem Gesicht gestanden haben, als ich durch die Linden- und Kastanienbäume des Gartens wieder nach dem Bürgersteig hinabschlenderte.

Allein zwischen solchen schmeichelnden Gedanken hörte ich von Zeit zu Zeit vor meinem inneren Ohre immer jenen leisen Krach im Körper der Puppe; was ich auch vornahm, den ganzen Tag über konnte ich diesen, jetzt aus meiner eigenen Seele herauftönenden unbequemen Laut nicht zum Schweigen bringen.

* * *

Es hatte sieben Uhr geschlagen; im Schützenhofe war heute, am Sonntag abend, alles besetzt; ich stand diesmal hinten, fünf Schuh hoch über dem Fußboden, auf dem Doppeltschillingplatze. Die Talglichter brannten in den Blechlampetten, der Stadtmusikus und seine Gesellen fiedelten; der Vorhang rollte in die Höhe.

Ein hochgewölbtes gotisches Zimmer zeigte sich. Vor einem aufgeschlagenen Folianten saß im langen schwarzen Talare der Doktor Faust und klagte bitter, daß ihn all' seine Gelehrsamkeit so wenig einbringe; keinen heilen Rock habe er mehr am Leibe und vor Schulden wisse er sich nicht zu lassen; so wolle er denn jetzo mit der Hölle sich verbinden. – „Wer ruft nach mir?" ertönte zu seiner Linken eine furchtbare Stimme von der Wölbung des Gemaches herab. – „Faust, Faust, folge nicht!" kam eine andere feine Stimme von der Rechten. – Aber Faust verschwor sich den höllischen Gewalten. – „Weh, weh deiner armen Seele!" Wie ein seufzender Windeshauch klang es von der Stimme des Engels; von der Linken schallte eine gellende Lache durchs Gemach. – – Da klopfte es an die Tür. „Verzeihung, Eure Magnifizenz!" Faust's Famulus Wagner war eingetreten. Er bat, ihm für die grobe Hausarbeit die Annahme eines Gehülfen zu gestatten, damit er sich besser aufs Studieren legen könne. „Es hat sich", sagte er, „ein junger Mann bei mir gemeldet, welcher Kasperl heißt und gar fürtreffliche Qualitäten zu besitzen scheint." – Faust nickte gnädig mit dem Kopfe und sagte: „Sehr wohl, lieber Wagner, diese Bitte sei Euch gewährt." Dann gingen beide mit einander fort. – –

„Pardauz!" rief es; und da war er. Mit einem Satz kam er auf die Bühne gesprungen, daß ihm das Felleisen auf dem Buckel hüpfte.

– – „Gott sei gelobt!" dachte ich; „er ist noch ganz gesund; er springt noch ebenso, wie vorigen Sonntag in der Burg der schönen Genovefa!" Und seltsam, so sehr ich ihn am Vormittage in meinen Gedanken nur für eine schmähliche Holzpuppe erklärt hatte, – mit seinem ersten Worte war der ganze Zauber wieder da.

Emsig spazierte er im Zimmer auf und ab. „Wenn mich jetzt mein Vater-Papa sehen tät", rief er, „der würd' sich was Rechts freuen! Immer pflegt' er zu sagen: Kasperl, mach', daß du dein' Sach' in Schwung bringst! – O jetzund hab' ich's in Schwung; denn ich kann mein' Sach' haushoch werfen!" – Damit machte er Miene, sein Felleisen in die Höhe zu schleudern; und es flog auch wirklich, da es am Draht gezogen wurde, bis an die Deckenwölbung hinauf; aber – Kasperles Arme waren an seinem Leibe kleben geblieben; es ruckte und ruckte, aber sie kamen um keine Hand breit in die Höhe.

Kasperl sprach und tat nicht weiter. – Hinter der Bühne entstand eine Unruhe, man hörte leise aber heftig sprechen, der Fortgang des Stückes war augenscheinlich unterbrochen.

Mir stand das Herz still; da hatten wir die Bescherung! Ich wäre gern fortgelaufen, aber ich schämte mich. Und wenn gar dem Lisei meinetwegen etwas geschähe!

Da begann Kasperl auf der Bühne plötzlich ein klägliches Geheul, wobei ihm Kopf und Arme schlaff herunterhingen, und der Famulus Wagner erschien wieder und fragte ihn, warum er denn so lamentiere.

„Ach, mei Zahnerl, mei Zahnerl!" schrie Kasperl.

„Guter Freund", sagte Wagner, „so laß Er sich einmal in das Maul sehen!" – Als er ihn hierauf bei der großen Nase packte und ihm zwischen die Kinnladen hineinschaute, trat auch der Doktor Faust wieder in das Zimmer. – „Verzeihen Eure Magnifizenz", sagte Wagner, „ich werde diesen jungen Mann in meinem Dienst nicht gebrauchen können; er muß sofort in das Lazarett geschafft werden!" „Is das a Wirtshaus?" fragte Kasperle.

„Nein, guter Freund", erwiderte Wagner, „das ist ein Schlachthaus. Man wird Ihm dort einen Weisheitszahn aus der Haut schneiden, und dann wird Er seiner Schmerzen ledig sein."

„Ach, du lieb's Herrgottl", jammerte Kasperl, „muß mi arm's Viecherl so ein Unglück treffen! Ein Weisheitszahnerl, sagt Ihr, Herr Famulus? Das hat noch keiner in der Famili gehabt! Da geht's wohl auch mit meiner Kasperlschaft zu End'?"

„Allerdings, mein Freund“, sagte Wagner; „eines Dieners mit Weisheitszähnen bin ich baß entraten; die Dinger sind nur für uns gelehrte Leute. Aber Er hat ja noch einen Brudersohn, der sich auch bei mir zum Dienst gemeldet hat. Vielleicht“, und er wandte sich gegen den Doktor Faust, „erlauben Eure Magnifizenz!“
Der Doktor Faust machte eine würdige Drehung mit dem Kopfe.
„Tut, was Euch beliebt, mein lieber Wagner“, sagte er; „aber stört mich nicht weiter mit Euren Lappalien in meinem Studium der Magie!“
– – „Heere, mei Gutester“, sagte ein Schneidergesell, der vor mir auf der Brüstung lehnte, zu seinem Nachbarn, „das geheert ja nicht zum Stück; ich kenn's, ich hab' es vor ä Weilchen erst in Seifersdorf gesehn.“ – Der andere aber sagte nur: „Halt's Maul, Leipziger!“ und gab ihm einen Rippenstoß.
– – Auf der Bühne war indessen Kasperle, der zweite, aufgetreten. Er hatte eine unverkennbare Ähnlichkeit mit seinem kranken Onkel, auch sprach er ganz genau wie dieser; nur fehlte ihm der bewegliche Daumen, und in seiner große Nase schien er kein Gelenk zu haben.
Mir war ein Stein vom Herzen gefallen, als das Stück nun ruhig weiter spielte, und bald hatte ich alles um mich her vergessen. Der teuflische Mephistopheles erschien in seinem feuerfarbenen Mantel, das Hörnchen vor der Stirn, und Faust unterzeichnete mit seinem Blute den höllischen Vertrag:
„Vierundzwanzig Jahre sollst du mir dienen; dann will ich dein sein mit Leib und Seele.“
Hierauf fuhren beide in des Teufels Zaubermantel durch die Luft davon. Für Kasperle kam eine ungeheure Kröte mit Fledermausflügeln aus der Luft herab. „Auf dem höllischen Sperling soll ich nach Parma reiten?“ rief er, und als das Ding wackelnd mit dem Kopfe nickte, stieg er auf und flog den beiden nach.

– – Ich hatte mich ganz hinten an die Wand gestellt, wo ich besser über alle die Köpfe vor mir hinwegsehen konnte. Und jetzt rollte der Vorhang zum letzten Aufzug in die Höhe. Endlich ist die Frist verstrichen. Faust und Kasper sind beide wieder in ihrer Vaterstadt. Kasper ist Nachtwächter geworden; er geht durch die dunklen Straßen und ruft die Stunden ab:

„Hört ihr Herr'n und laßt euch sagen,
Meine Frau hat mich geschlagen;
Hüt't euch vor dem Weiberrock!
Zwölf ist der Klock! Zwölf ist der Klock!"

Von fern hört man eine Glocke Mitternacht schlagen. Da wankt Faust auf die Bühne; er versucht zu beten; aber nur Heulen und Zähneklappern tönt aus seinem Halse. Von oben ruft eine Donnerstimme:
„Fauste, Fauste, in aeternum damnatus es!"
Eben fuhren in Feuerregen drei schwarzhaarige Teufel herab, um sich des Armen zu bemächtigen, da fühlte ich eins der Bretter zu meinen Füßen sich verschieben. Als ich mich bückte, um es zurecht zu bringen, glaubte ich aus dem dunklen Raume unter mir ein Geräusch zu hören; ich horchte näher hin; es klang wie das Schluchzen einer Kinderstimme. – „Lisei!" dachte ich; „wenn es Lisei wäre!" Wie ein Stein fiel meine ganze Untat mir wieder aufs Gewissen; was kümmerte mich jetzt der Doktor Faust und seine Höllenfahrt!
Unter heftigem Herzklopfen drängte ich mich durch die Zuschauer und ließ mich seitwärts an dem Brettergerüst herabgleiten. Rasch schlüpfte ich in den darunter befindlichen Raum, in welchem ich an der Wand entlang ganz aufrecht gehen konnte; aber es war fast dunkel, so daß ich mich an den überall untergestellten Latten und Balken stieß. „Lisei!" rief ich. Das Schluchzen, das ich eben noch gehört hatte, wurde plötzlich still; aber dort in dem tief-

sten Winkel sah ich etwas sich bewegen. Ich tastete mich weiter bis an das Ende des Raumes, und – da saß sie, zusammengekauert, das Köpfchen in den Schoß gedrückt. Ich zupfte sie am Kleide. „Lisei!“ sagte ich leise, „bist du es? Was machst du hier?“
Sie antwortete nicht, sondern begann wieder vor sich hin zu schluchzen.
„Lisei!“ frage ich wieder; „was fehlt dir? So sprich doch nur ein einziges Wort!“
Sie hob den Kopf ein wenig. „Was soll i da red’n!“ sagte sie; „du weißt’s ja von selber, daß du den Wurstl hast verdreht.“
„Ja, Lisei!“ antwortete ich kleinlaut; „ich glaub’ es selber, daß ich das getan habe.“
– „Ja, du! – Und i hab dir’s doch g’sagt.“
„Lisei, was soll ich tun?“
„Nu, halt nix!“
„Aber was soll denn daraus werden?“
„Nu, halt aa nix!“ Sie begann wieder laut zu weinen. „Aber i, – wenn i z’ Haus komm – da krieg i die Peitsch’n!“
„Du die Peitsche, Lisei!“ – Ich fühlte mich ganz vernichtet. „Aber ist dein Vater denn so strenge?“
„Ach, mei gut’s Vaterl!“ schluchzte Lisei.
Also die Mutter! O wie ich, außer mir selber, diese Frau haßte, die immer mit ihrem Holzgesichte an der Kasse saß! Von der Bühne hörte ich Kasperl, den zweiten, rufen: „Das Stück ist aus! Komm Gret’l, laß uns Kehraus tanzen!“ Und in demselben Augenblicke begann auch über unsern Köpfen das Scharren und Trappeln mit den Füßen, und bald polterte alles von den Bänken herunter und drängte sich dem Ausgange zu; zuletzt kam der Stadtmusikus mit seinen Gesellen, wie ich aus den Tönen des Brummbasses hörte, mit dem sie beim Fortgehen an den Wänden anstießen. Dann allmählich wurde es still, nur hinten auf der Bühne hörte man noch die

Tendler'schen Eheleute miteinander reden und wirtschaften. Nach einer Weile kamen auch sie in den Zuschauerraum; sie schienen erst an den Musikantenpulten, dann an den Wänden die Lichter auszuputzen; denn es wurde allmählich immer finsterer.

„Wenn i nur wüßt', wo die Lisei abblieben ist!" hörte ich Herrn Tendler zu seiner an der gegenüberliegenden Wand beschäftigten Frau hinüberrufen.

„Wo sollt' sie sein!" rief diese wieder; „'s ist 'n störrig Ding; ins Quartier wird sie gelaufen sein!"

„Frau", antwortete der Mann, „du bist auch zu wüst mit dem Kind gewesen; sie hat doch halt so a weich's Gemüt!"

„Ei was", rief die Frau; „ihr' Straf' muß sie hab'n; sie weiß recht gut, daß die schöne Marionett' noch von mei'm Vater selig ist! Du wirst sie nit wieder kurieren, und der zweit' Kasper ist doch halt nur ein Notknecht!"

Die lauten Wechselreden hallten in dem leeren Saale wieder. Ich hatte mich neben Lisei hingekauert; wir hatten uns bei den Händen gefaßt und saßen mäuschenstille.

„G'schieht mir aber schon recht", begann wieder die Frau, die eben grade über unseren Köpfen stand, „warum hab ich's gelitten, daß du das gotteslästerlich' Stück heute wieder aufgeführt hast! Mein Vater selig hat's nimmer wollen in seinen letzten Jahren!"

„Nu, nu, Resel!" rief Herr Tendler von der anderen Wand; „dein Vater war ein b'sondrer Mann. Das Stück gibt doch allfort eine gute Kassa; und ich mein', es ist doch auch a Lehr' und Beispiel für die vielen Gottlosen in der Welt!"

„Ist aber bei uns zum letzten Mal heut geb'n. Und nu red' mir nit mehr davon!" erwiderte die Frau.

Herr Tendler schwieg. – Es schien jetzt nur noch ein Licht zu brennen, und die beiden Eheleute näherten sich dem Ausgange.

„Lisei!" flüsterte ich, „wir werden eingeschlossen." „Laß!" sagte sie, „i kann nit; ich geh nit furt!"

„Dann bleib ich auch!"

– „Aber dei Vater und Mutter!“
„Ich bleib’ doch bei dir!“
Jetzt wurde die Tür des Saales zugeschlagen; dann ging’s die Treppe hinab, und dann hörten wir, wie draußen auf der Straße die große Haustür abgeschlossen wurde.
Da saßen wir denn. Wohl eine Viertelstunde saßen wir so, ohne auch nur ein Wort miteinander zu reden. Zum Glück fiel mir ein, daß sich noch zwei Heißewecken in meiner Tasche befanden, die ich für einen meiner Mutter abgebettelten Schilling auf dem Herwege gekauft und über all’ dem Schauen ganz vergessen hatte. Ich steckte Lisei den einen in ihre kleinen Hände; sie nahm ihn schweigend, als verstehe es sich von selbst, daß ich das Abendbrot besorge, und wir schmausten eine Weile. Dann war auch das zu Ende. – Ich stand auf und sagte: „Laß uns hinter die Bühne gehen; da wird’s heller sein; ich glaub’, der Mond scheint draußen!“ Und Lisei ließ sich geduldig durch die kreuz und quer stehenden Latten von mir in den Saal hinausleiten.
Als wir hinter der Verkleidung in den Bühnenraum geschlüpft waren, schien dort vom Garten her das helle Mondlicht in die Fenster.
An dem Drahtseil, an dem am Vormittag nur die beiden Puppen gehangen hatten, sah ich jetzt alle, die vorhin im Stücke aufgetreten waren. Da hing der Doktor Faust, mit seinem scharfen blassen Gesicht, der gehörnte Mephistopheles, die drei kleinen schwarzhaarigen Teufelchen, und dort neben der geflügelten Kröte waren auch die beiden Kasperls. Ganz stille hingen sie da in der bleichen Mondscheinbeleuchtung; fast wie Verstorbene kamen sie mir vor. Der Hauptkasperl hatte zum Glück wieder seinen breiten Nasenschnabel auf der Brust liegen, sonst hätte ich geglaubt, daß seine Blicke mich verfolgen müßten.
Nachdem Lisei und ich eine Weile, nicht wissend, was wir beginnen sollten, an dem Theatergerüste umhergestanden und geklettert waren, lehnten wir uns neben einan-

der auf die Fensterbank. – Es war Unwetter geworden; am Himmel, gegen den Mond stieg eine Wolkenbank empor; drunten im Garten konnte man die Blätter zu Haufen von den Bäumen wehen sehen.
„Guck“, sagte Lisei nachdenklich, „wie's da ausi g'schwomma kimmt! Da kann mei alte gute Bas' nit mehr vom Himm'l abi schaun.“
„Was für eine alte Bas', Lisei?“ fragte ich.
– „Nu, wo i g'west bin, bis sie halt g'storb'n ist.“
Dann blickten wir wieder in die Nacht hinaus. – Als der Wind gegen das Haus und auf die kleinen undichten Fensterscheiben stieß, fing hinter mir an dem Drahtseil die stille Gesellschaft mit ihren hölzernen Gliedern an zu klappern. Ich drehte mich unwillkürlich um und sah nun, wie sie, vom Zugwind bewegt, mit den Köpfen wackelten und die steifen Arm' und Beine durcheinander regten. Als aber plötzlich der kranke Kasperl seinen Kopf zurückschlug und mich mit seinen weißen Augen anstierte, da dachte ich, es sei doch besser, ein wenig an die Seite zu gehen.
Unweit vom Fenster, aber so, daß die Kulissen dort vor dem Anblick dieser schwebenden Tänzer schützen mußten, stand die große Kiste; sie war offen; ein paar wollene Decken, vermutlich zum Verpacken der Puppen bestimmt, lagen nachlässig darüberhin geworfen.
Als ich mich eben dorthin begeben hatte, horte ich Lisei vom Fenster her so recht aus Herzensgrunde gähnen.
„Bist du müde, Lisei?“ fragte ich.
„O, nei“, erwiderte sie, indem sie ihre Ärmchen fest zusammenschränkte; „aber i frier' halt!“
Und wirklich, es war kalt geworden in dem großen leeren Raume, auch mich fror. „Komm hierher!“ sagte ich, „wir wollen uns in die Decken wickeln.“
Gleich darauf stand Lisei bei mir und ließ sich geduldig von mir in die eine Decke wickeln; sie sah aus wie eine Schmetterlingspuppe, nur daß oben noch das allerliebste Gesichtchen herausguckte. „Weißt“, sagte sie, und sah

mich mit zwei großen müden Augen an, „i steig' ins Kistl, da hält's warm!"
Das leuchtete auch mir ein; im Verhältnis zu der wüsten Umgebung winkte hier sogar ein traulicher Raum, fast wie ein dichtes Stübchen. Und bald saßen wir armen törichten Kinder wohlverpackt und dicht aneinander geschmiegt in der hohen Kiste. Mit Rücken und Füßen hatten wir uns gegen die Seitenwände gestemmt; in der Ferne hörten wir die schwere Saaltür in den Falzen klappen; wir aber saßen ganz sicher und behaglich.
„Friert dich noch, Lisei?" fragte ich.
„Ka bißerl!"
Sie hatte ihr Köpfchen auf meine Schulter sinken lassen; ihre Augen waren schon geschlossen. „Was wird mei gut's Vaterl – – –" lallte sie noch; dann hörte ich an ihren gleichmäßigen Atemzügen, daß sie eingeschlafen war.
Ich konnte von meinem Platze aus durch die oberen Scheiben des einen Fensters sehen. Der Mond war aus seiner Wolkenhülle wieder hervorgeschwommen, in der er eine Zeit lang verborgen gewesen war; die alte Bas' konnte jetzt wieder vom Himmel herunterschauen, und ich denke wohl, sie hat's recht gern getan. Ein Streifen Mondlicht fiel auf das Gesichtchen, das nahe an dem meinen ruhte; die schwarzen Augenwimpern lagen wie seidene Fransen auf den Wangen, der kleine rote Mund atmete leise, nur mitunter zuckte noch ein kurzes Schluchzen aus der Brust herauf; aber auch das verschwand; die alte Bas' schaute gar so mild vom Himmel. – Ich wagte mich nicht zu rühren. „Wie schön müßte es sein", dachte ich, „wenn das Lisei deine Schwester wäre, wenn sie dann immer bei dir bleiben könnte!" Denn ich hatte keine Geschwister, und wenn ich auch nach Brüdern kein Verlangen trug, so hatte ich mir doch oft das Leben mit einer Schwester in meinen Gedanken ausgemalt, und konnte es nie begreifen, wenn meine Kameraden mit denen, die sie wirklich besaßen, in Zank und Schlägerei gerieten.

Ich muß über solchen Gedanken doch wohl eingeschlafen sein; denn ich weiß noch, wie mir allerlei wildes Zeug geträumt hat. Mir war, als säße ich mitten in dem Zuschauerraum; die Lichter an den Wänden brannten, aber niemand außer mir saß auf den leeren Bänken. Über meinem Kopfe, unter der Balkendecke des Saales, ritt Kasperl auf dem höllischen Sperling in der Luft herum und rief ein Mal übers andere: „Schlimm's Brüderl! Schlimm's Brüderl!" oder auch mit kläglicher Stimme: „Mein Arm! Mein Arm!" Da wurde ich von einem Lachen aufgeweckt, das über meinem Kopfe erschallte; vielleicht auch von dem Lichtschein, der mir plötzlich in die Augen fiel. „Nun seh mir einer dieses Vogelnest!" hörte ich die Stimme meines Vaters sagen, und dann etwas barscher: „Steig' heraus, Junge!"
Das war der Ton, der mich stets mechanisch in die Höhe trieb. Ich riß die Augen auf und sah meinen Vater und das Tendlersche Ehepaar an unserer Kiste stehen; Herr Tendler trug eine brennende Laterne in der Hand. Meine Anstrengung, mich zu erheben, wurde indessen durch Lisei vereitelt, die, noch immer fortschlafend, mit ihrer ganzen kleinen Last mir auf die Brust gesunken war. Als sich aber jetzt zwei knochige Arme ausstreckten, um sie aus der Kiste herauszuheben, und ich das Holzgesicht der Frau Tendler sich auf uns niederbeugen sah, da schlug ich die Arme so ungestüm um meine kleine Freundin, daß ich dabei der guten Frau fast ihren alten italienischen Strohhut vom Kopfe gerissen hätte.
„Nu nu, Bub!" rief sie und trat einen Schritt zurück; ich aber, aus unserer Kiste heraus, erzählte mit geflügelten Worten, und ohne mich dabei zu schonen, was am Vormittag geschehen war.
„Also, Madame Tendler", sagte mein Vater, als ich mit meinem Bericht zu Ende war, und machte zugleich eine sehr verständliche Handbewegung, „da könnten Sie es mir ja wohl überlassen, dieses Geschäft allein mit meinem Jungen abzumachen."

„Ach ja, ach ja!“ rief ich eifrig, als wenn mir soeben der angenehmste Zeitvertreib verheißen wäre.
Lisei war indessen auch erwacht und von ihrem Vater auf den Arm genommen worden. Ich sah, wie sie die Arme um seinen Hals schlang und ihm bald eifrig ins Ohr flüsterte, bald ihm zärtlich in die Augen sah oder wie beteuernd mit dem Köpfchen nickte. Gleich darauf ergriff auch der Puppenspieler die Hand meines Vaters. „Lieber Herr“, sagte er, „die Kinder bitten für einander. Mutter, du bist ja auch nit gar so schlimm! Lassen wir es diesmal halt dabei!“
Madame Tendler sah indes noch immer unbeweglich aus ihrem großen Strohhute. „Du magst selb’ schauen, wie du ohne den Kasperl fertig wirst!“ sagte sie mit einem strengen Blick auf ihren Mann.
In dem Antlitz meines Vaters sah ich ein gewisses lustiges Augenzwinkern, das mir Hoffnung machte, es werde das Unwetter diesmal so an mir vorüberziehen; und als er jetzt sogar versprach, am anderen Tage seine Kunst zur Herstellung des Invaliden aufzubieten und dabei Madame Tendlers italienischer Strohhut in die holdseligste Bewegung geriet, da war ich sicher, daß wir beiderseits im Trocknen waren.
Bald marschierten wir unten durch die dunklen Gassen, Herr Tendler mit der Laterne voran, wir Kinder Hand in Hand den Alten nach. – Dann: „Gut’ Nacht, Paul! Ach, will i schlaf’n!“ Und weg war das Lisei; ich hatte gar nicht gemerkt, daß wir schon bei unseren Wohnungen angekommen waren.

* * *

Am anderen Vormittage, als ich aus der Schule gekommen war, traf ich Herrn Tendler mit seinem Töchterchen schon in unserer Werkstatt. „Nun, Herr Kollege“, sagte mein Vater, der eben das Innere der Puppe untersuchte,

„das sollte denn doch schlimm zugehen, wenn wir zwei Mechanici den Burschen hier nicht wieder auf die Beine brächten!“
„Gel’, Vater“, rief das Lisei, „da werd’ aa die Mutter nit mehr brummin.“
Herr Tendler strich zärtlich über das schwarze Haar des Kindes; dann wendete er sich zu meinem Vater, der ihm die Art der beabsichtigten Reparatur aus einander setzte. „Ach, lieber Herr“, sagte er, „ich bin kein Mechanikus, den Titel hab’ ich nur so mit den Puppen überkommen; ich bin eigentlich meines Zeichens ein Holzschnitzer aus Berchtesgaden. Aber mein Schwiegervater selig – Sie haben gewiß von ihm gehört – das war halt einer, und mein Reserl hat noch allweg ihr klein’s Gaudi, daß sie die Tochter vom berühmten Puppenspieler Geiselbrecht ist. Der hat auch die Mechanik in dem Kasperl da g’macht; ich hab’ ihm derzeit nur’s G’sichtl ausgeschnitten.“
„Ei nun, Herr Tendler“, erwiderte mein Vater, „das ist ja auch schon eine Kunst. Und dann – sagt mir nur, wie war’s denn möglich, daß Ihr Euch gleich zu helfen wußtet, als die Schandtat meines Jungen da so mitten in dem Stück zum Vorschein kam?“
Das Gespräch begann mir etwas unbehaglich zu werden; in Herrn Tendler’s gutmütigem Angesichte aber leuchtete plötzlich die ganze Schelmerei des Puppenspielers. „Ja, lieber Herr“, sagte er, „da hat man halt für solche Fäll’ sein Gspaßerl in der Taschen! Auch ist da noch so ein Brudershöhnerl, ein Wurstl Nummer Zwei, der grad ’ne solche Stimm’ hat, wie dieser da!“
Ich hatte indessen die Lisei am Kleid gezupft und war glücklich mit ihr nach unserem Garten entkommen. Hier unter der Linde saßen wir, die auch über uns beide jetzt ihr grünes Dach ausbreitet; nur blühten damals nicht mehr die roten Nelken auf den Beeten dort; aber ich weiß noch wohl, es war ein sonniger Septembernachmittag. Meine Mutter kam aus ihrer Küche und begann ein Gespräch mit

dem Puppenspielerkinde; sie hatte denn doch auch so ihre kleine Neugierde.

Wie es denn heiße, fragte sie, und ob es denn schon immer so von Stadt zu Stadt gefahren sei? – – Ja, Lisei heiße es – ich hatte das meiner Mutter auch schon oft genug gesagt – aber dies sei seine erste Reis'; drum könne es auch das Hochdeutsch noch nit so völlig firti krieg'n. – – Ob es denn auch zur Schule gegangen sei? – – Freili; es sei scho zur Schul gang'n; aber das Nähen und Stricken habe es von seiner alten Bas' gelernt; die habe auch so a Gärtl g'habt, da drin hätten sie zusammen auf dem Bänkerl gesessen; nun lerne es bei der Mutter, aber die sei gar streng!

Meine Mutter nickte beifällig. – Wie lange ihre Eltern denn wohl hier verweilen würden? fragte sie das Lisei wieder. – – Ja, das wüßt es nit, das käme auf die Mutter an; doch pflegten sie so ein vier Wochen am Ort zu bleiben. – – Ja, ob's denn auch ein warmes Mäntelchen für die Weiterreise habe? denn so im Oktober würde es schon kalt auf dem offenen Wägelchen. – – Nun, meinte Lisei, ein Mäntelchen habe sie schon, aber ein dünnes sei es nur; es hab' sie auch schon darin gefroren auf der Herreis'. Und jetzt befand sich meine gute Mutter auf dem Fleck, wonach ich sie schon lange hatte zusteuern sehen. „Hör', kleine Lisei", sagte sie, „ich habe einen braven Mantel in meinem Schranke hängen, noch von den Zeiten her, da ich ein schlankes Mädchen war; ich bin aber jetzt herausgewachsen und habe keine Tochter, für die ich ihn noch zurechtschneidern könnte. Komm nur morgen wieder, Lisei, da steckt ein warmes Mäntelchen für dich darin."

Lisei wurde rot vor Freude und hatte im Umsehen meiner Mutter die Hand geküßt, worüber diese ganz verlegen wurde; denn du weißt, hier zu Lande verstehen wir uns schlecht auf solche Narreteien! – Zum Glück kamen jetzt die beiden Männer aus der Werkstatt. „Für diesmal geret-

tet“, rief mein Vater; „aber!“ – – Der warnend gegen mich geschüttelte Finger war das Ende meiner Buße.
Fröhlich lief ich ins Haus und holte auf Geheiß meiner Mutter deren großes Umschlagtuch; denn, um den kaum Genesenen vor dem zwar wohlgemeinten, aber immerhin unbequemen Zujauchzen der Gassenjugend zu bewahren, das ihn auf seinem Herwege begleitet hatte, wurde der Kasperl jetzt sorgsam eingehüllt; dann nahm Lisei ihn auf den Arm, Herr Tendler das Lisei an der Hand und so, unter Dankesversicherungen, zogen sie vergnügt die Straße nach dem Schützenhof hinab.

* * *

Und nun begann eine Zeit des schönsten Kinderglückes. – Nicht nur am anderen Vormittage, sondern auch an den folgenden Tagen kam das Lisei; denn sie hatte nicht abgelassen, bis ihr gestattet worden, auch selbst an ihrem neuen Mäntelchen zu nähen. Zwar war's wohl mehr nur eine Scheinarbeit, die meine Mutter in ihre kleinen Hände legte; aber sie meinte doch, das Kind müßte recht ordentlich angehalten sein. Ein paar Mal setzte ich mich daneben und las aus einem Bande von Weißens Kinderfreunde vor, den mein Vater einmal auf einer Auktion für mich gekauft hatte, zum Entzücken Lisei's, der solche Unterhaltungsbücher noch unbekannt waren. „Das is' g'schickt!“ oder „Ei du, was geit's für Sachan auf der Welt!“ Dergleichen Worte rief sie oft dazwischen und legte die Hände mit ihrer Näharbeit in den Schoß. Mitunter sah sie mich auch von unten mit ganz klugen Augen an und sagte: „Ja, wenn's Geschichtl nur nit derlog'n is!“ – Mir ist's als hörte ich es noch heute.“
– – Der Erzähler schwieg, und in seinem schönen männlichen Antlitz sah ich einen Ausdruck stillen Glückes, als sei das Alles, was er mir erzählte, zwar vergangen, aber keineswegs verloren. Nach einer Weile begann er wieder.

„Meine Schularbeiten machte ich niemals besser, als in jener Zeit; denn ich fühlte wohl, daß das Auge meines Vaters mich strenger als je überwachte und daß ich mir den Verkehr mit den Puppenspielerleuten nur um den Preis eines strengen Fleißes erhalten könne. „Es sind reputierliche Leute, die Tendlers", hörte ich einmal meinen Vater sagen; „der Schneiderwirt drüben hat ihnen auch heute ein ordentliches Stübchen eingeräumt; sie zahlen jeden Morgen ihre Zeche; nur, meinte der Alte, sei es leider blitzwenig, was sie draufgehen ließen. – Und das", setzte mein Vater hinzu, „gefällt mir besser, als dem Herbergsvater; sie mögen an den Notpfennig denken, was sonst nicht die Art solcher Leute ist." – – Wie gern hörte ich meine Freunde loben! Denn das waren sie jetzt alle; sogar Madame Tendler nickte ganz vertraulich aus ihrem Strohhute, wenn ich – keiner Einlaßkarte mehr bedürftig – abends an ihrer Kasse vorbei in den Saal schlüpfte. – Und wie rannte ich jetzt vormittags aus der Schule! Ich wußte wohl, zu Hause traf ich das Lisei entweder bei meiner Mutter in der Küche, wo sie allerlei kleine Dienste für sie zu verrichten wußte, oder es saß auf der Bank im Garten, mit einem Buche oder mit einer Näharbeit in der Hand. Und bald wußte ich sie auch in meinem Dienste zu beschäftigen; denn nachdem ich mich genügend in den inneren Zusammenhang der Sache eingeweiht glaubte, beabsichtigte ich nichts Geringeres, als nun auch meinerseits ein Marionetten-Theater einzurichten. Vorläufig begann ich mit dem Ausschnitzen der Puppen, wobei Herr Tendler, nicht ohne eine gutmütige Schelmerei in seinen kleinen Augen, mir in der Wahl des Holzes und der Schnitzmesser mit Rat und Hülfe zur Hand ging; und bald ragte auch in der Tat eine mächtige Kasperl-Nase aus dem Holzblöckchen in die Welt. Da aber andererseits der Nankinganzug des „Wurstl" mir zu wenig interessant erschien, so mußte indessen das Lisei aus „Fetzeln", die wiederum der alte Gabriel hatte hergeben müssen, gold- und silberbesetzte Mäntel und Wämser für Gott weiß welche andere künftige Puppen anfertigen. Mitunter trat auch der alte Heinrich mit seiner kurzen Pfeife aus der Werkstatt zu uns, ein Geselle meines Vaters, der, so lang ich denken konnte, zur Familie gehörte; er nahm mir dann wohl das Messer aus der Hand und gab durch ein paar Schnitte dem Dinge hie und da den rechten Schick. Aber schon wollte meine Phantasie selbst der Tendlersche Haupt- und Prinzipalkasperl nicht mehr genügen; ich wollte noch ganz etwas anderes leisten; für den meinigen ersann ich noch drei weitere, nie dagewesene und höchst wirkungsvolle Gelenke, er sollte seitwärts mit dem Kinne wackeln, die Ohren hin- und herbewegen und die Unterlippe auf- und abklappen können; und er wäre auch jedenfalls ein ganz unerhörter Prachtkerl geworden, wenn er nur nicht schließlich über all' seinen Gelenken schon in der Geburt zu Grunde gegangen wäre. Auch sollte leider weder der Pfalzgraf Siegfried, noch irgend ein anderer Held des Puppenspiels durch meine Hand zu einer fröhlichen Auferstehung gelangen. – Besser glückte es mir mit dem Bau einer unterirdischen Höhle, in der ich an kalten Tagen mit Lisei auf einem Bänkchen zusammensaß und ihr bei dem spärlichen Lichte, das durch eine oben angebrachte Fensterscheibe fiel, die Geschichten aus dem Weißeschen Kinderfreunde vorlas, die sie immer von neuem hören konnte. Meine Kameraden neckten mich wohl und schalten mich einen Mädchenknecht, weil ich statt wie sonst mit ihnen, jetzt mit der Puppenspielertochter meine Zeit zubrachte. Mich kümmerte das wenig; wußte ich doch, es redete nur der Neid aus ihnen, und wo es mir zu arg wurde, da brauchte ich denn auch einmal ganz wacker meine Fäuste.

– – Aber alles im Leben ist nur für eine Spanne Zeit. Die Tendlers hatten ihre Stücke durchgespielt; die Puppenbühne auf dem Schützenhofe wurde abgebrochen; sie rüsteten sich zum Weiterziehen.

Und so stand ich denn an einem stürmischen Oktobernachmittage draußen vor unserer Stadt auf dem hohen Heiderücken, sah bald traurig auf den breiten Sandweg, der nach Osten in die kahle Gegend hinausläuft, bald sehnsüchtig nach der Stadt zurück, die in Dunst und Nebel in der Niederung lag. Und da kam es herangetrabt, das kleine Wägelchen mit den zwei hohen Kisten darauf und dem munteren braunen Pferde in der Gabeldeichsel. Herr Tendler saß jetzt vorn auf einem Brettchen, hinter ihm Lisei in dem neuen warmen Mäntelchen neben ihrer Mutter. – Ich hatte schon vor der Herberge von ihnen Abschied genommen; dann aber war ich vorausgelaufen, um sie alle noch einmal zu sehen und um Lisei, wozu ich von meinem Vater die Erlaubnis erhalten hatte, den Band von Weißens Kinderfreunde als Angedenken mitzugeben; auch eine Düte mit Kuchen hatte ich um einige ersparte Sonntags-Sechslinge für sie eingehandelt. – „Halt! halt!" rief ich jetzt und stürzte von meinem Heidehügel auf das Fuhrwerk zu. – Herr Tendler zog die Zügel an, der Braune stand, und ich reichte Lisei meine kleinen Geschenke in den Wagen, die sie neben sich auf den Stuhl legte. Als wir uns aber, ohne ein Wort zu sagen, an beiden Händen griffen, da brachen wir armen Kinder in ein lautes Weinen aus. Doch in demselben Augenblicke peitschte auch schon Herr Tendler auf sein Pferdchen. „Ade, mein Bub! Bleib' brav, und dank' aa no schön dei'm Vaterl und dei'm Mutterl!"

„Ade! Ade!" rief das Lisei; das Pferdchen zog an, das Glöckchen an seinem Halse bimmelte; ich fühlte die kleinen Hände aus den meinen gleiten, und fort fuhren sie, in die weite Welt hinaus.

Ich war wieder am Rande des Weges emporgestiegen, und blickte unverwandt dem Wägelchen nach, wie es durch den stäubenden Sand dahinzog. Immer schwächer hörte ich das Gebimmel des Glöckchens; einmal noch sah ich ein weißes Tüchelchen um die Kisten flattern; dann allmählich verlor es sich mehr und mehr in den grauen Herbstnebeln. – Da fiel es plötzlich wie eine Todesangst mir auf das Herz; du siehst sie nimmer, nimmer wieder! – – „Lisei!" schrie ich – Lisei!" – Als aber dessen ungeachtet, vielleicht wegen einer Biegung der Landstraße, der nur noch im Nebel schwimmende Punkt jetzt völlig meinen Augen entschwand, da rannte ich wie unsinnig auf dem Wege hinterdrein. Der Sturm riß mir die Mütze vom Kopfe, meine Stiefel füllten sich mit Sand; aber so weit ich laufen mochte, ich sah nichts anderes, als die öde baumlose Gegend und den kalten grauen Himmel, der darüber stand. – Als ich endlich bei einbrechender Dunkelheit zu Hause wieder angelangt war, hatte ich ein Gefühl, als sei die ganze Stadt indessen ausgestorben. Es war eben der erste Abschied meines Lebens.

Wenn in den nun folgenden Jahren der Herbst wiederkehrte, wenn die Krammetsvögel durch die Gärten unserer Stadt flogen, und drüben vor der Schneiderherberge die ersten gelben Blätter von den Lindenbäumen wehten, dann saß ich wohl manches Mal auf unserer Bank und dachte, ob nicht endlich einmal das Wägelchen mit dem braunen Pferde wie damals wieder die Straße heraufgebimmelt kommen würde.

Aber ich wartete umsonst; das Lisei kam nicht wieder.

* * *

Es war um zwölf Jahre später. – Ich hatte nach der Rechenmeisterschule, wie es damals manche Handwerkersöhne zu tun pflegten, auch noch die Quarta unserer Gelehrtenschule durchgemacht und war dann bei meinem Vater in die Lehre getreten. Auch diese Zeit, in der ich mich, außer meinem Handwerk, vielfach mit dem Lesen guter Bücher beschäftigte, war vorübergegangen. Jetzt, nach dreijähriger Wanderschaft, befand ich mich in einer mitteldeutschen Stadt. Es war streng katholisch dort, und in dem Punkte verstanden sie keinen Spaß; wenn man vor ihren Prozessionen, die mit Gesang und Heiligenbildern durch die Straßen zogen, nicht selbst den Hut abnahm, so wurde er einem auch wohl herunter geschlagen; sonst aber waren es gute Leute. – Die Frau Meisterin, bei der ich in Arbeit stand, war eine Witwe, deren Sohn gleich mir in der Fremde arbeitete, um die nach den Zunftgesetzen vorgeschriebenen Wanderjahre bei der späteren Bewerbung um das Meisterrecht nachweisen zu können. Ich hatte es gut in diesem Hause; die Frau tat mir, wovon sie wünschen mochte, daß es in der Ferne andere Leute an ihrem Kinde tun möchten, und bald war unter uns das Vertrauen so gewachsen, daß das Geschäft so gut wie ganz in meinen Händen lag. – Jetzt steht unser Joseph dort bei ihrem Sohn in Arbeit, und die Alte, so hat er oft geschrieben, hätschelt mit ihm, als wäre sie die leibhaftige Großmutter zu dem Jungen. – – Nun, damals saß ich eines Sonntagnachmittags mit meiner Frau Meisterin in der Wohnstube, deren Fenster der Tür des großen Gefangenhauses gegenüberlagen. Es war im Januar; das Thermometer stand zwanzig Grade unter Null; draußen auf der Gasse war kein Mensch zu sehen; mitunter kam der Wind pfeifend von den nahen Bergen herunter und jagte kleine Eisstücke klingend über das Straßenpflaster.

„Da behagt'n warmes Stübchen und'n heißes Schälchen Kaffee", sagte die Meisterin, indem sie mir die Tasse zum dritten Male vollschenkte.

Ich war ans Fenster getreten. Meine Gedanken gingen in die Heimat; nicht zu lieben Menschen, die hatte ich dort nicht mehr, das Abschiednehmen hatte ich jetzt gründlich gelernt. Meiner Mutter war mir noch vergönnt gewesen selbst die Augen zuzudrücken; vor einigen Wochen hatte ich nun auch den Vater verloren, und bei dem damals noch so langwierigen Reisen hatte ich ihn nicht einmal zu seiner Ruhestatt begleiten können. Aber die väterliche Werkstatt wartete auf den Sohn ihres heimgegangenen Meisters. Indes, der alte Heinrich war noch da und konnte mit Genehmigung der Zunftmeister die Sache schon eine kurze Zeit lang aufrecht halten; und so hatte ich denn auch meiner guten Meisterin versprochen, noch ein paar Wochen bis zum Eintreffen ihres Sohnes bei ihr auszuhalten. Aber Ruhe hatte ich nicht mehr, das frische Grab meines Vaters duldete mich nicht länger in der Fremde.

In diesen Gedanken unterbrach mich eine scharfe scheltende Stimme drüben von der Straße her. Als ich auf-

blickte, sah ich das schwindsüchtige Gesicht des Gefängnisinspektors sich aus der halb geöffneten Tür des Gefangenhauses hervorrecken; seine erhobene Faust drohte einem jungen Weibe, das, wie es schien, fast mit Gewalt in diese sonst gefürchteten Räume einzudringen strebte.
„Wird wohl was Liebes drinnen haben", sagte die Meisterin, die von ihrem Lehnstuhle aus ebenfalls dem Vorgange zugesehen hatte; „aber der alte Sünder drüben hat kein Herz für die Menschlichkeit."
„Der Mann tut wohl nur seine Pflicht, Frau Meisterin", sagte ich, noch immer in meinen eigenen Gedanken.
„Ich möcht' nicht solche Pflicht zu tun haben", erwiderte sie, und lehnte sich fast zornig in ihren Stuhl zurück.
Drüben war indes die Tür des Gefangenhauses zugeschlagen, und das junge Weib, nur mit einem kurzen wehenden Mäntelchen um die Schultern und einem schwarzen Tuchelchen um den Kopf geknotet, ging langsam die übereiste Straße hinab. – Die Meisterin und ich waren schweigend auf unserem Platz geblieben; ich glaube – denn auch meine Teilnahme war jetzt erweckt –, es war uns beiden, als ob wir helfen müßten und nur nicht wüßten, wie.
Als ich eben vom Fenster zurücktreten wollte, kam das Weib wieder die Straße herauf. Vor der Tür des Gefangenhauses blieb sie stehen und setzte zögernd einen Fuß auf den zur Schwelle führenden Treppenstein; dann aber wandte sie den Kopf zurück, und ich sah ein junges Antlitz, dessen dunkle Augen mit dem Ausdruck ratlosester Verlassenheit über die leere Gasse streiften; sie schien doch nicht den Mut zu haben, noch einmal der drohenden Beamtenfaust entgegenzutreten. Langsam und immer wieder nach der geschlossenen Tür zurückblickend, setzte sie ihren Weg fort; man sah es deutlich, sie wußte selbst nicht, wohin. Als sie jetzt aber an der Ecke der Gefangenanstalt in das nach der Kirche hinaufführende Gäßchen einbog, riß ich unwillkürlich meine Mütze vom Türhaken, um ihr nachzugehen.

„Ja, ja, Paulsen, das ist das Rechte!“ sagte die gute Meisterin; „geht nur, ich werde derweil den Kaffee wieder heiß setzen!“

Es war grimmig kalt, als ich aus dem Hause trat; alles schien wie ausgestorben; von dem Berge, der am Ende der Straße die Stadt überragt, sah fast drohend der schwarze Tannenwald herab; vor den Fensterscheiben der meisten Häuser saßen die weißen Eisgardinen; denn nicht jeder hatte, wie meine Meisterin, die Gerechtigkeit von fünf Klaftern Holz auf seinem Hause. – Ich ging durch das Gäßchen nach dem Kirchenplatz; und dort vor dem großen hölzernen Kruzifixe auf der gefrorenen Erde lag das junge Weib, den Kopf gesenkt, die Hände in den Schoß gefaltet. Ich trat schweigend näher; als sie aber jetzt zu dem blutigen Antlitz des Gekreuzigten aufblickte, sagte ich: „Verzeiht mir, wenn ich Eure Andacht unterbreche; aber Ihr seid wohl fremd in dieser Stadt?“

Sie nickte nur, ohne ihre Stellung zu verändern.

„Ich möchte Euch helfen“, begann ich wieder; „sagt mir nur, wohin Ihr wollt!“

„I weiß nit mehr, wohin“, sagte sie tonlos und ließ das Haupt wieder auf ihre Brust sinken.

„Aber in einer Stunde ist es Nacht; in diesem Totenwetter könnt Ihr nicht länger auf der offenen Straße bleiben!“

„Der liebi Gott wird helfen“, hörte ich sie leise sagen. „Ja, ja“, rief ich, „und ich glaube fast, er hat mich selbst zu Euch geschickt!“

Es war, als habe der stärkere Klang meiner Stimme sie erweckt; denn sie erhob sich und trat zögernd auf mich zu; mit vorgestrecktem Halse näherte sie ihr Gesicht mehr und mehr dem meinen, und ihre Blicke drangen auf mich ein, als ob sie mich damit erfassen wollte. „Paul!“ rief sie plötzlich, und wie ein Jubelruf flog das Wort aus ihrer Brust – „Paul! ja di schickt mir der liebi Gott!“

Wo hatte ich meine Augen gehabt! Da hatte ich es ja wieder, mein Kindsgespiel, das kleine Puppenspieler-Lisei!

Freilich, eine schöne schlanke Jungfrau war es geworden, und auf dem sonst so lachenden Kindergesicht lag jetzt, nachdem der erste Freudenstrahl darüberhin geflogen, der Ausdruck eines tiefen Kummers.

„Wie kommst du so allein hierher, Lisei?“ fragte ich. „Was ist geschehen? wo ist denn dein Vater?“

„Im Gefängnis, Paul.“

„Dein Vater, der gute Mann! – Aber komm mit mir; ich stehe hier bei einer braven Frau in Arbeit; sie kennt dich, ich habe ihr oft von dir erzählt.“

Und Hand in Hand, wie einst als Kinder, gingen wir nach dem Hause meiner guten Meisterin, die uns schon vom Fenster aus entgegensah. „Das Lisei ist's!“ rief ich, als wir in die Stube traten, „denkt Euch, Frau Meisterin, das Lisei!“

Die gute Frau schlug die Hände über ihre Brust zusammen. „Heilige Mutter Gottes, bitt' für uns! das Lisei! – also so hat's ausgeschaut! – Aber“, fuhr sie fort, „wie kommst denn du mit dem alten Sünder da zusammen?“ – und sie wies mit dem ausgestreckten Finger nach dem Gefangenhause drüben – „der Paulsen hat mir doch gesagt, daß du ehrlicher Leute Kind bist!“

Gleich darauf aber zog sie das Mädchen weiter in die Stube hinein und drückte sie in ihren Lehnstuhl nieder, und als jetzt Lisei ihre Frage zu beantworten anfing, hielt sie ihr schon eine dampfende Tasse Kaffee an die Lippen.

„Nun trink einmal“, sagte sie, „und komm erst wieder zu dir; die Händchen sind dir ja ganz verklommen.“

Und das Lisei mußte trinken, wobei ihr zwei helle Tränen in die Tasse rollten, und dann erst durfte sie erzählen.

Sie sprach jetzt nicht, wie einst und wie vorhin in der Einsamkeit ihres Kummers, in dem Dialekt ihrer Heimat, nur ein leichter Anflug war ihr davon geblieben; denn waren ihre Eltern auch nicht mehr bis an unsere Küste hier hinabgekommen, so hatten sie sich doch meistens in dem mittleren Deutschland aufgehalten. Schon vor einigen Jahren war die Mutter gestorben. „Verlaß den Vater nicht!" das hatte sie der Tochter im letzten Augenblicke noch ins Ohr geflüstert, „sein Kindesherz ist zu gut für diese Welt." Lisei brach bei dieser Erinnerung in heftiges Weinen aus; sie wollte nicht einmal von der aufs neue vollgeschenkten Tasse trinken, mit der die Meisterin ihre Tränen zu stillen gedachte, und erst nach einer ziemlichen Weile konnte sie weiter berichten.

Gleich nach dem Tode der Mutter war es ihre erste Arbeit gewesen, an deren Stelle sich die Frauenrollen in den Puppenspielen von ihrem Vater einlernen zu lassen. Dazwischen waren die Bestattungsfeierlichkeiten besorgt und die ersten Seelenmessen für die Tote gelesen; dann, das frische Grab hinter sich lassend, waren Vater und Tochter wiederum ins Land hineingefahren und hatten, wie vorhin, ihre Stücke abgespielt, den verlorenen Sohn, die heilige Genovefa und wie sie sonst noch heißen mochten.

So waren sie gestern auf der Reise in ein großes Kirchdorf gekommen, wo sie ihre Mittagsrast gehalten hatten. Auf der harten Bank vor dem Tische, an welchem sie ihr bescheidenes Mahl verzehrten, war Vater Tendler ein halbes Stündchen in einen festen Schlaf gesunken, während Lisei draußen die Fütterung ihres Pferdes besorgt hatte. Kurz darauf, in wollene Decken wohlverpackt, waren sie aufs neue in die grimmige Winterkälte hinausgefahren.

„Aber wir kamen nit weit", erzählte Liesei; „gleich hinterm Dorf ist ein Landreiter auf uns zugeritten und hat gezetert und gemordio't. Aus dem Tischkasten sollt' dem Wirt ein Beutel mit Geld gestohlen sein, und mein unschuldigs Vaterl war doch allein in der Stube dort gewesen! Ach, wir haben kei Heimat, kei Freund, kei Ehr; es kennt uns niemand nit!"

„Kind, Kind", sagte die Meisterin, indem sie zu mir hinüberwinkte, „versündige dich auch nicht!"

Ich aber schwieg, denn Lisei hatte ja nicht Unrecht mit ihrer Klage. – Sie hatten in das Dorf zurückgemußt; das

Fuhrwerk mit allem, was darauf geladen, war vom Schulzen dort zurückgehalten worden; der alte Tendler aber hatte die Weisung erhalten, den Weg zur Stadt neben dem Pferde des Landreiters herzutraben. Lisei, von dem Letzteren mehrfach zurückgewiesen, war in einiger Entfernung hinterher gegangen, in der Zuversicht, daß sie wenigstens, bis der liebe Gott die Sache aufkläre, das Gefängnis ihres Vaters werde teilen können. Aber – auf ihr ruhte kein Verdacht; mit Recht hatte der Inspektor sie als eine Zudring-

liche von der Tür gejagt, die auf ein Unterkommen in seinem Hause nicht den geringsten Anspruch habe.
Lisei wollte das zwar noch immer nicht begreifen; sie meinte, das sei ja härter als alle Strafe, die später doch gewiß den wirklichen Spitzbuben noch ereilen würde; aber, fügte sie gleich hinzu, sie wolle ihm auch so harte Straf' nit wünschen, wenn nur die Unschuld von ihrem guten Vaterl an den Tag komme; ach, der werd's gewiß nit überleben!
Ich besann mich plötzlich, daß ich sowohl dem alten Korporal da drüben, als auch dem Herrn Kriminalkommissarius eigentlich ein unentbehrlicher Mann sei; denn dem einen hielt ich seine Spinnmaschinen in Ordnung, dem anderen schärfte ich seine kostbaren Federmesser; durch den einen konnte ich wenigstens Zutritt zu dem Gefangenen erhalten, bei dem anderen konnte ich ein Leumundszeugnis für Herrn Tendler ablegen und ihn vielleicht zur Beschleunigung der Sache veranlassen. Ich bat Lisei, sich zu gedulden, und ging sofort in das Gefangenhaus hinüber.
Der schwindsüchtige Inspektor schalt auf die unverschämten Weiber, die immer zu ihren spitzbübischen Männern oder Vätern in die Zellen wollten. Ich aber verbat mir in Betreff meines alten Freundes solche Titel, so lange sie ihm nicht durch das Gericht „von Rechts wegen" beigelegt seien, was, wie ich sicher wisse, nie geschehen werde; und endlich, nach einigem Hin- und Widerreden, stiegen wir zusammen die breite Treppe nach dem Oberbau hinauf.
In dem alten Gefangenhause war auch die Luft gefangen, und ein widerwärtiger Dunst schlug uns entgegen, als wir oben durch den langen Korridor schritten, von welchem aus zu beiden Seiten Tür an Tür in die einzelnen Gefangenzellen führte. An einer derselben, fast zu Ende des Ganges, blieben wir stehen; der Inspektor schüttelte sein großes Schlüsselbund, um den rechten herauszufinden; dann knarrte die Tür und wir traten ein.

In der Mitte der Zelle, mit dem Rücken gegen uns, stand die Gestalt eines kleinen mageren Mannes, der nach dem Stückchen Himmel hinaufzublicken schien, das grau und trübselig durch ein oben in der Mauer angebrachtes Fenster auf ihn herabdämmerte. An seinem Haupte bemerkte ich sogleich die kleinen abstehenden Haarspieße; nur hatten sie, wie jetzt draußen die Natur, sich in die Farbe des Winters bekleidet. Bei unserem Eintritt wandte der kleine Mann sich um.

„Sie kennen mich wohl nicht mehr, Herr Tendler?" fragte ich.

Er sah flüchtig nach mir hin. „Nein, lieber Herr," erwiderte er, „hab' nicht die Ehre."

Ich nannte ihm den Namen meiner Vaterstadt und sagte: „Ich bin der unnütze Junge, der Ihnen damals Ihren kunstreichen Kasperl verdrehte!"

„O, schad't nichts, gar nichts!" erwiderte er verlegen und machte mir einen Diener; „ist lange schon vergessen." Er hatte offenbar nur halb auf mich gehört; denn seine Lippen bewegten sich, als spräche er zu sich selber von ganz anderen Dingen.

Da erzählte ich ihm, wie ich vorhin sein Lisei aufgefunden habe, und jetzt erst sah er mich mit offenen Augen an. „Gott Dank! Gott Dank!" sagte er und faltete die Hände. „Ja, ja, das kleine Lisei und der kleine Paul, die spielten derzeit miteinander! – Der kleine Paul! Seid Ihr der kleine Paul! O, i glaub's Euch schon; das herzige Gsichtl von dem frischen Bubn, das schaut da no heraus!" Er nickte mir so innig zu, daß die weißen Haarspießchen auf seinem Kopfe bebten. „Ja, ja, da drunten an der See bei Euch; wir sind nit wieder hinkommen; das war no gute Zeit dermal; da war aa noch mein Weib, die Tochter vom großen Geiselbrecht dabei! ‚Joseph!' pflegte sie zu sagen, ‚wenn nur die Menschen aa so Dräht' an ihre Köpf' hätten, da könnt'st du aa mit ihne firti werdn!' – Hätt' sie nur heute noch gelebt, sie hätten mich nicht eingesperrt. Du lieber Gott; ich bin kein Dieb, Herr Paulsen."

Der Inspektor, der draußen vor der angelehnten Tür im Gange auf- und abging, hatte schon ein paar Mal mit seinem Schlüsselbunde gerasselt. Ich suchte den alten Mann zu beruhigen und bat ihn, sich bei seinem ersten Verhöre auf mich zu berufen, der ich hier bekannt und wohl geachtet sei.

Als ich wieder zu meiner Meisterin in die Stube trat, rief diese mir entgegen: „Das ist ein trotzigs Mädel, Paulsen; da helft mir nur gleich ein wenig; ich hab' ihr die Kammer zum Nachtquartier geboten; aber sie will fort, in die Bettelherberg' oder Gott weiß wohin!"

Ich fragte Lisei, ob sie ihre Pässe bei sich habe.

„Mein Gott, die hat der Schulz im Dorf uns abgenommen!"

„So wird kein Wirt dir seine Tür aufmachen," sagte ich, „das weißt du selber wohl."

Sie wußte es freilich, und die Meisterin schüttelte ihr vergnügt die Hände. „Ich denk' wohl", sagte sie, „daß du dein eignes Köpfchen hast; der da hat mir's haarklein erzählt, wie ihr zusammen in der Kiste habt gesessen; aber so leicht wärst du doch nicht von mir fortgekommen!"

Das Lisei sah etwas verlegen vor sich nieder; dann aber fragte sie mich hastig aus nach ihrem Vater. Nachdem ich ihr Bescheid gegeben hatte, erbat ich mir ein paar Bettstücke von der Meisterin, nahm von den meinigen noch etwas hinzu, und trug es selbst hinüber in die Zelle des Gefangenen, wozu ich vorhin von dem Inspektor die Erlaubnis erhalten hatte. – So konnten wir, als nun die Nacht herankam, hoffen, daß im warmen Bette und auf dem besten Ruhekissen, das es in der Welt gibt, auch unseren alten Freund in seiner öden Kammer ein sanfter Schlaf erquicken werde.

* * *

Am anderen Vormittage, als ich eben, um zum Herrn Kriminalkommissarius zu gehen, auf die Straße trat, kam von drüben der Inspektor in seinen Morgenpantoffeln auf mich zugeschritten. „Ihr habt recht gehabt, Paulsen“, sagte er mit seiner gläsernen Stimme, „für dies Mal ist's kein Spitzbube gewesen; den richtigen haben sie soeben eingebracht; Euer Alter wird noch heute entlassen werden.“

Und richtig, nach einigen Stunden öffnete sich die Tür des Gefangenhauses, und der alte Tendler wurde von der kommandierenden Stimme des Inspektors zu uns hinübergewiesen. Da das Mittagsessen eben aufgetragen war, so ruhte die Meisterin nicht, bis auch er seinen Platz am Tische eingenommen hatte; aber er berührte die Speisen kaum, und wie sie sich auch um ihn bemühen mochte, er blieb wortkarg und in sich gekehrt neben seiner Tochter sitzen; nur mitunter bemerkte ich, wie er deren Hand nahm und sie zärtlich streichelte. Da hörte ich draußen vom Tore her ein Glöckchen bimmeln; ich kannte es ganz genau, aber es läutete mir weit her aus meiner Kinderzeit. „Lisei!“ sagte ich leise.

„Ja, Paul, ich hör' es wohl.“

Und bald standen wir beide draußen vor der Haustür. Siehe, da kam es die Straße herab, das Wägelchen mit den beiden hohen Kisten, wie ich daheim es mir so oft gewünscht hatte. Ein Bauerbursche ging nebenher mit Zügel und Peitsche in der Hand; aber das Glöckchen bimmelte jetzt am Halse eines kleinen Schimmels.

„Wo ist das Braunchen geblieben?“ fragte ich Lisei.

„Das Braunchen“, erwiderte sie, „das ist uns eines Tags vorm Wagen hingefallen; der Vater hat sogleich den Tierarzt aus dem Dorf geholt; aber es hat nimmer leben können.“

Bei diesen Worten stürzten ihr die Tränen aus den Augen.

„Was fehlt dir, Lisei?“ fragte ich; „es ist ja nun doch alles wieder gut!“

Sie schüttelte den Kopf. „Mein Vaterl gefallt mir nit; er ist so still; die Schand', er verwind't es nit."
– – Und Lisei hatte mit ihren treuen Tochteraugen recht gesehen. Als kaum die beiden in einem kleinen Gasthause untergebracht waren, und der Alte schon seine Pläne zur Weiterfahrt entwarf – denn hier wollte er jetzt nicht vor die Leute treten – da zwang ihn ein Fieber, im Bett zu bleiben! Bald mußten wir einen Arzt holen, und es entwikkelte sich ein längeres Krankenlager. In Besorgnis, daß sie dadurch in Not geraten könnten, bot ich Lisei meine Geldmittel zur Hülfe an; aber sie sagte: „I nimm's ja gern von dir; doch sorg nur nit, wir sind nit gar so karg." Da blieb mir denn nichts anderes zu tun, als in der Nachtwache mit ihr zu wechseln, oder, als es dem Kranken besser ging, am Feierabend ein Stündchen an seinem Bett zu plaudern.
So war die Zeit meiner Abreise herangenaht, und mir wurde das Herz immer schwerer. Es tat mir fast weh, das Lisei anzusehen; denn bald fuhr es ja auch mit seinem Vater von hier wieder in die weite Welt hinaus. Wenn sie nur eine Heimat gehabt hätten! Aber wo waren sie zu finden, wenn ich Gruß und Nachricht zu ihnen senden wollte! Ich dachte an die zwölf Jahre seit unserem ersten Abschied; – sollte wieder so lange Zeit vergehen, oder am Ende gar das ganze Leben?
„Und grüß mir aa dein Vaterhaus, wenn du heimkommst!" sagte Lisei, da sie am letzten Abend mich an die Haustür begleitet hatte. „Ich seh's mit mein' Augen, das Bänkerl vor der Tür, die Lind' im Gartl; ach, i vergiß es nimmer; so lieb hab ich's nit wieder g'funden in der Welt!"
Als sie das sagte, war es mir, als leuchte aus dunkler Tiefe meine Heimat zu mir auf; ich sah die zärtlichen Augen meiner Mutter, das feste ehrliche Antlitz meines Vaters. „Ach Lisei", sagte ich, „wo ist denn jetzt mein Vaterhaus! es ist ja alles öd' und leer."

Lisei antwortete nicht; sie gab mir nur die Hand und blickte mich mit ihren guten Augen an.
Da war mir, als hörte ich die Stimme meiner Mutter sagen: „Halte diese Hand fest, und kehre mit ihr zurück, so hast du deine Heimat wieder!" – und ich hielt die Hand fest und sagte: „Kehr' du mit mir zurück, Lisei, und laß uns zusammen versuchen, ein neues Leben in das leere Haus zu bringen, ein so gutes, wie es die geführt haben, die ja auch dir einst lieb gewesen sind!"
„Paul", rief sie, „was meinst du? I versteh di nit."
Aber ihre Hand zitterte heftig in der meinen, und ich bat nur: „Ach, Lisei, versteh' mich doch!"
Sie schwieg einen Augenblick. „Paul", sagte sie dann, „i kann nit von mei'm Vaterl gehen."
„Der muß ja mit uns, Lisei! Im Hinterhause, die beiden Stübchen, die jetzt leer stehen, da kann er wohnen und wirtschaften; der alte Heinrich hat sein Kämmerchen dicht daneben."
Lisei nickte. „Aber, Paul, wir sind landfahrende Leut'. Was werden sie sagen bei dir daheim?"
„Sie werden mächtig reden, Lisei!"
„Und du hast nit Furcht davor?"
Ich lachte nur dazu.
„Nun", sagte Lisei, und wie ein Glockenlaut schlug es aus ihrer Stimme, „wenn d u sie hast, – i hab schon di Kuraschi!"
„Aber tust du's denn auch gern?"
– „Ja, Paul, wenn i's nit gern tät", – und sie schüttelte ihr braunes Köpfchen gegen mich – „gel', da tät i's nimmermehr!" –
„Und, mein Junge", unterbrach sich hier der Erzähler, „wie einen bei solchen Worten ein Paar schwarze Mädchenaugen ansehen, das sollst du nun noch lernen, wenn du erst ein Stieg Jahre weiter bist!"
„Ja, ja", dachte ich, „zumal so ein Paar Augen, die einen See ausbrennen können!"

„Und nicht wahr", begann Paulsen wieder, „nun weißt du auch nachgerade, wer das Lisei ist?"
„Das ist die Frau Paulsen!" erwiderte ich. „Als ob ich das nicht längst gemerkt hätte! Sie sagt ja noch immer ‚nit' und hat auch noch die schwarzen Augen unter den fein gepinselten Augenbrauen."
Mein Freund lachte, während ich mir im Stillen vornahm, die Frau Paulsen, wenn wir in's Haus zurückkämen, doch einmal recht darauf anzusehen, ob noch das Puppenspieler-Lisei in ihr zu erkennen sei. – „Aber", fragte ich, „wo ist denn der alte Herr Tendler hingekommen?"
„Mein liebes Kind", erwiderte mein Freund, „wohin wir schließlich alle kommen. Drüben auf dem grünen Kirchhof ruht er neben unserem alten Heinrich; aber es ist noch einer mehr in sein Grab mit hineingekommen, der andere kleine Freund aus meiner Kinderzeit. Ich will dir's wohl erzählen; nur laß uns ein wenig hinausgehen; meine Frau könnte nachgerade einmal nach uns sehen wollen, und sie soll die Geschichte doch nicht wieder hören."
Paulsen stand auf, und wir gingen auf den Spaziergang hinaus, der auch hier hinter den Gärten der Stadt entlang führt. Nur wenige Leute kamen uns entgegen; denn es war schon um die Vesperzeit.
„Siehst du" – begann Paulsen seine Erzählung wieder – „der alte Tendler war derzeit mit unserem Verspruch gar wohl zufrieden; er gedachte meiner Eltern, die er einst gekannt hatte, und er faßte auch zu mir Vertrauen. Überdies war er des Wanderns müde; ja, seit es ihn in die Gefahr gebracht hatte, mit den verworfensten Vagabunden verwechselt zu werden, war in ihm die Sehnsucht nach einer festen Heimat immer mehr heraufgewachsen. Meine gute Meisterin zwar zeigte sich nicht so einverstanden; sie fürchtete, bei allem guten Willen möge doch das Kind des umherziehenden Puppenspielers nicht die rechte Frau für einen seßhaften Handwerksmann abgeben. – Nun, sie ist seit lange schon bekehrt worden!

– – Und so war ich denn nach kaum acht Tagen wieder hier, von den Bergen an die Nordseeküste, in unserer alten Vaterstadt. Ich nahm mit Heinrich die Geschäfte rüstig in die Hand und richtete zugleich die beiden leer stehenden Zimmer im Hinterhause für den Vater Joseph ein. – Vierzehn Tage weiter – es strichen eben die Düfte der ersten Frühlingsblumen über die Gärten – da kam es die Straße heraufgebimmelt. „Meister, Meister", rief der alte Heinrich, „sie kommen, sie kommen!" Und da hielt schon das Wägelchen mit den zwei hohen Kisten vor unserer Tür. Das Lisei war da, der Vater Joseph war da, beide mit munteren Augen und roten Wangen; und auch das ganze Puppenspiel zog mit ihnen ein; denn ausdrückliche Bedingung war es, daß dies den Vater Joseph auf sein Altenteil begleiten solle. Das kleine Fuhrwerk dagegen wurde in den nächsten Tagen schon verkauft.

Dann hielten wir die Hochzeit; ganz in der Stille; denn Blutsfreunde hatten wir weiter nicht am Ort; nur der Hafenmeister, mein alter Schulkamerad, war als Trauzeuge mit zugegen. Lisei war, wie ihre Eltern, katholisch; daß aber das ein Hindernis für unsere Ehe sein könne, ist uns niemals eingefallen. In den ersten Jahren reiste sie wohl zur österlichen Beichte nach unserer Nachbarstadt; wo, wie du weißt, eine katholische Gemeinde ist; nachher hat sie ihre Kümmernisse nur noch ihrem Mann gebeichtet.

Am Hochzeitsmorgen legte Vater Joseph zwei Beutel vor mir auf den Tisch, einen größeren mit alten Harzdritteln, einen kleinen voll Kremnitzer Dukaten.

„Du hast nit danach fragt, Paul!" sagte er. „Aber so völlig arm is doch mein' Lisei dir nit zubracht. Nimm's! i brauch's allfurt nit mehr." –

Das war der Sparpfennig, von dem mein Vater einst gesprochen, und er kam jetzt seinem Sohne beim Neubeginn seines Geschäfts zu ganz gelegener Zeit. Freilich hatte Liseis Vater damit sein ganzes Vermögen hingegeben und sich selbst der Fürsorge seiner Kinder anvertraut; aber er

war dabei nicht müßig; er suchte seine Schnitzmesser wieder hervor und wußte sich bei den Arbeiten in der Werkstatt nützlich zu machen.
Die Puppen nebst dem Theater-Apparat waren in einem Verschlage auf dem Boden des Nebenhauses untergebracht. Nur an Sonntagnachmittagen holte er bald die eine, bald die andere in sein Stübchen herunter, revidierte die Drähte und Gelenke und putzte oder besserte dies und jenes an denselben. Der alte Heinrich stand dann mit seiner kurzen Pfeife neben ihm und ließ sich die Schicksale der Puppen erzählen, von denen fast jede ihre eigene Geschichte hatte; ja, wie es jetzt herauskam, der so wirkungsvoll geschnitzte Kasper hatte einst für seinen jungen Verfertiger sogar den Brautwerber um Liseis Mutter abgegeben. Mitunter wurden zur besseren Veranschaulichung der einen oder anderen Szene auch wohl die Drähte in Bewegung gesetzt; Lisei und ich haben oftmals draußen an den Fenstern gestanden, die schon aus grünem Weinlaub gar traulich auf den Hof hinausschauten; aber die alten Kinder drinnen waren meist so in ihr Spiel vertieft, daß ihnen erst durch unser Beifallklatschen die Gegenwart der Zuschauer bemerklich wurde. – – Als das Jahr weiter rückte, fand Vater Joseph eine andere Beschäftigung; er nahm den Garten unter seine Obhut, er pflanzte und erntete, und am Sonntage wandelte er, sauber angetan, zwischen den Rabatten auf und ab, putzte an den Rosenbüschen oder band Nelken und Levkojen an feine selbstgeschnitzte Stäbchen.
So lebten wir einig und zufrieden; mein Geschäft hob sich mehr und mehr. Über meine Heirat hatte unsere gute Stadt sich ein paar Wochen lebhaft ausgesprochen; da aber fast alle über die Unvernunft meiner Handlungsweise einig waren, und dem Gespräche so die gedeihliche Nahrung des Widerspruches vorenthalten blieb, so hatte es sich bald selber ausgehungert.
Als es dann abermals Winter wurde, holte Vater Joseph an den Sonntagen auch wieder die Puppen aus ihrem Ver-

schlage herunter, und ich dachte nicht anders, als daß in solchem stillen Wechsel der Beschäftigung ihm auch künftig die Jahre hingehen würden. Da trat er eines Morgens mit gar ernsthaftem Gesichte zu mir in die Wohnstube, wo ich eben allein an meinem Frühstück saß. „Schwiegersohn", sagte er, nachdem er sich wie verlegen ein paar Mal mit der Hand durch seine weißen Haarspießchen gefahren war, „ich kann's doch nit wohl länger ansehen, daß ich alleweil so das Gnadenbrot an Eurem Tisch soll essen."

Ich wußte nicht, wo das hinaus sollte, aber ich fragte ihn, wie er auf solche Gedanken komme; er schaffe ja mit in

der Werkstatt, und wenn mein Geschäft jetzt einen größeren Gewinn abwerfe, so sei dies wesentlich der Zins seines eigenen Vermögens, das er an unserem Hochzeitsmorgen in meine Hand gelegt habe.
Er schüttelte den Kopf. Das reiche alles nicht; aber eben jenes kleine Vermögen habe er zum Teil einst in unserer Stadt gewonnen; das Theater sei ja noch vorhanden, und die Stücke habe er auch alle noch im Kopfe.
Da merkte ich's denn wohl, der alte Puppenspieler ließ ihm keine Ruhe; sein Freund, der gute Heinrich, genügte ihm nicht mehr als Publikum, er mußte einmal wieder öffentlich vor versammeltem Volke seine Stücke aufführen.
Ich suchte es ihm auszureden; aber er kam immer wieder darauf zurück. Ich sprach mit Lisei, und am Ende konnten wir nicht umhin, ihm nachzugeben. Am liebsten hätte nun freilich der alte Mann gesehen, wenn Lisei wie vor unserer Verheiratung die Frauenrollen in seinen Stücken gesprochen hätte; aber wir waren übereingekommen, seine dahin zielenden Anspielungen nicht zu verstehen; für die Frau eines Bürgers und Handwerksmeisters wollte sich das denn doch nicht ziemen.
Zum Glück – oder, wie man will, zum Unglück – war derzeit ein ganz reputierliches Frauenzimmer in der Stadt, die einst bei einer Schauspielertruppe als Souffleuse gedient hatte und daher in derlei Dingen nicht unbewandert war. Diese – Kröpel-Lieschen nannten sie die Leute von wegen ihrer Kreuzlahmheit – ging sofort auf unser Anerbieten ein, und bald entwickelte sich am Feierabend und an den Sonntagnachmittagen die lebhafteste Tätigkeit in Vater Joseph's Stübchen. Während vor dem einen Fenster der alte Heinrich an den Gerüststücken des Theaters zimmerte, stand vor dem anderen zwischen frisch angemalten Kulissen, die von der Zimmerdecke herunterhingen, der alte Puppenspieler und exerzierte mit Kröpel-Lieschen eine Szene nach der anderen. Sie sei ein dreimal gewürztes Frauenzimmer, versicherte er stets nach solcher Probe;

nicht einmal die Lisei hab' es so schnell kapiert; nur mit dem Singen ginge es nit gar so schön; sie grunze mit ihrer Stimme immer in der Tiefe, was für die schöne Susanne, die das Lied zu singen habe, nicht eben harmonierlich sei. Endlich war der Tag der Aufführung festgesetzt. Es sollte alles möglichst reputierlich vor sich gehen; nicht auf dem Schützenhofe, sondern auf dem Rathaussaal, wo auch die Primaner um Michaelis ihre Redeübungen hielten, sollte jetzt der Schauplatz sein; und als am Sonnabend-Nachmittage unsere guten Bürger ihr frisches Wochenblättchen auseinander falteten, sprang ihnen in breiten Lettern die Anzeige in die Augen:

„Morgen Sonntag Abend sieben Uhr auf dem Rathaussaale Marionetten-Theater des Mechanikus Joseph Tendler hieselbst.

Die schöne Susanna, Schauspiel mit Gesang in vier Aufzügen."

Es war aber damals in unserer Stadt nicht mehr die harmlose schaulustige Jugend aus meinen Kinderjahren; die Zeiten des Kosakenwinters lagen dazwischen, und namentlich war unter den Handwerkslehrlingen eine arge Zügellosigkeit eingerissen; die früheren Liebhaber unter den Honoratioren aber hatten ihre Gedanken jetzt auf andere Dinge. Dennoch wäre vielleicht alles gut gegangen, wenn nur der schwarze Schmidt und seine Jungen nicht gewesen wären."

Ich fragte Paulsen, wer das sei; denn ich hatte niemals von einem solchen Menschen in unserer Stadt gehört.

„Das glaub' ich wohl", erwiderte er, „der schwarze Schmidt ist schon vor Jahren im Armenhaus verstorben; damals aber war er Meister gleich mir; nicht ungeschickt, aber lüderlich in seiner Arbeit wie im Leben; der sparsame Verdienst des Tages wurde abends im Trunk und Kartenspiel vertan. Schon gegen meinen Vater hatte er einen Haß gehabt, nicht allein, weil dessen Kundschaft die seinige bei weitem überstieg, sondern schon aus der Jugend her, wo er dessen Nebenlehrling gewesen und wegen eines schlechten Streiches gegen ihn vom Meister fortgejagt worden war. Seit dem Sommer hatte er Gelegenheit gefunden, diese Abneigung in erhöhtem Maße auch auf mich auszudehnen; denn bei der damals hier neu errichteten Kattunfabrik war, trotz seiner eifrigen Bemühung um dieselbe, die Arbeit an den Maschinen allein mir übertragen worden, in Folge dessen er und seine beiden Söhne, die bei dem Vater in Arbeit standen und diesen an wüstem Treiben wo möglich überboten, schon nicht verfehlt hatten, mir ihren Verdruß durch allerlei Neckereien kund zu geben. Ich hatte indessen jetzt keine Gedanken an diese Menschen.

So war der Abend der Aufführung herangekommen. Ich hatte noch an meinen Büchern zu ordnen und habe, was geschah, erst später durch meine Frau und Heinrich erfahren, welche zugleich mit unserem Vater nach dem Rathaussaale gingen.

Der erste Platz dort war fast gar nicht, der zweite nur mäßig besetzt gewesen; auf der Galerie aber hatte es Kopf an Kopf gestanden. – Als man vor diesem Publikum das Spiel begonnen, war anfänglich alles in der Ordnung vorgegangen; die alte Lieschen hatte ihren Part fest und ohne Anstoß hingeredet. – Dann aber kam das unglückselige Lied! Sie bemühte sich vergebens, ihrer Stimme einen zarten Klang zu geben; wie Vater Joseph vorhin gesagt hatte, sie grunzte wirklich in der Tiefe. Plötzlich rief eine Stimme von der Galerie: „Höger up, Kröpel-Lieschen! Höger up!“ Und als sie, diesem Rufe gehorsam, die unerreichbaren Diskanttöne zu erklettern strebte, da scholl ein rasendes Gelächter durch den Saal.

Das Spiel auf der Bühne stockte, und zwischen den Kulissen heraus rief die bebende Stimme des alten Puppenspielers: „Meine Herrschaft'n, i bitt g'wogentlich um Ruhe!“ Kasperl, den er eben an seinen Drähten in der Hand hielt und der mit der schönen Susanna eine Szene hatte, schlenkerte krampfhaft mit seiner kunstvollen Nase.

Neues Gelächter war die Antwort. „Kasperl soll singen!" – „Russisch! Schöne Minka, ich muß scheiden!" – „Hurra für Kasperl!" – „Nichts doch; Kasperl sein' Tochter soll singen!" – „Ja wohl, wischt euch's Maul! Die ist Frau Meisterin geworden, die tut's halt nimmermehr!" So ging's noch eine Weile durcheinander. Auf einmal flog, in wohlgezieltem Wurfe, ein großer Pflasterstein auf die Bühne. Er hatte die Drähte des Kasperl getroffen; die Figur entglitt der Hand ihres Meisters und fiel zu Boden. Vater Joseph ließ sich nicht mehr halten. Trotz Lisei's Bitten hat er gleich darauf die Puppenbühne betreten. – Donnerndes Händeklatschen, Gelächter, Fußtrampeln empfing ihn, und es mag sich freilich seltsam genug präsentiert haben, wie der alte Mann, mit dem Kopf oben in den Suffiten, unter lebhaftem Händearbeiten seinem gerechten Zorne Luft zu machen suchte. – Plötzlich unter allem Tumult fiel der Vorhang; der alte Heinrich hatte ihn herabgelassen.

– – Mich hatte indes zu Hause bei meinen Büchern eine gewisse Unruhe befallen; ich will nicht sagen, daß mir Unheil ahnte, aber es trieb mich dennoch fort, den Meinigen nach. – Als ich die Treppe zum Rathaussaal hinaufsteigen wollte, drängte eben die ganze Menge von oben mir entgegen. Alles schrie und lachte durcheinander. „Hurra! Kasper is dod; Lott is dod. Die Kamedie ist zu End'!" – Als ich aufsah, erblickte ich die schwarzen Gesichter der Schmidt-Jungen über mir. Sie waren augenblicklich still und rannten an mir vorbei zur Tür hinaus; ich aber hatte für mich jetzt die Gewißheit, wo die Quelle dieses Unfugs zu suchen war.

Oben angekommen, fand ich den Saal fast leer. Hinter der Bühne saß mein alter Schwiegervater wie gebrochen auf einem Stuhl und hielt mit beiden Händen sein Gesicht bedeckt. Lisei, die auf den Knieen vor ihm lag, richtete sich, da sie mich gewahrte, langsam auf. „Nun, Paul", fragte sie, mich traurig ansehend, „hast du noch die Kuraschi?"

Aber sie mußte wohl in meinen Augen gelesen haben, daß ich sie noch hatte; denn bevor ich noch antworten konnte, lag sie schon an meinem Halse. „Laß uns nur fest zusammenhalten, Paul!“ sagte sie leise.
– – Und, siehst du! Damit und mit ehrlicher Arbeit sind wir durchgekommen.
– – Als wir am anderen Morgen aufgestanden waren, da fanden wir jenes Schimpfwort „Pole Poppenspäler“ – denn ein Schimpfwort sollte es ja sein – mit Kreide auf unsere Haustür geschrieben. Ich aber habe es ruhig ausgewischt, und als es dann später noch ein paar Mal an öffentlichen Orten wieder lebendig wurde, da habe ich einen Trumpf darauf gesetzt; und weil man wußte, daß ich nicht spaße, so ist es danach still geworden. – – Wer dir es jetzt gesagt hat, der wird nichts Böses damit gemeint haben; ich will seinen Namen auch nicht wissen.
Unser Vater Joseph aber war seit jenem Abend nicht mehr der Alte. Vergebens zeigte ich ihm die unlautere Quelle jenes Unfugs und daß derselbe ja mehr gegen mich, als gegen ihn gerichtet gewesen sei. Ohne unser Wissen hatte er bald darauf alle seine Marionetten auf eine öffentliche Auktion gegeben, wo sie zum Jubel der anwesenden Jungen und Trödelweiber um wenige Schillinge versteigert waren; er wollte sie niemals wiedersehen. – Aber das Mittel dazu war schlecht gewählt; denn als die Frühlingssonne erst wieder in die Gassen schien, kam von den verkauften Puppen eine nach der anderen aus den dunklen Häusern an das Tageslicht. Hier saß ein Mädchen mit der heiligen Genovefa auf der Haustürschwelle, dort ließ ein Junge den Doktor Faust auf seinem schwarzen Kater reiten; in einem Garten in der Nähe des Schützenhofes hing eines Tages der Pfalzgraf Siegfried neben dem höllischen Sperling als Vogelscheuche in einem Kirschbaume. Unserem Vater tat die Entweihung seiner Lieblinge so weh, daß er zuletzt kaum noch Haus und Garten bei uns verlassen mochte. Ich sah es deutlich, daß dieser übereilte Verkauf an seinem

Herzen nagte, und es gelang mir, die eine und die andere Puppe zurückzukaufen; aber als ich sie ihm brachte, hatte er keine Freude daran; das Ganze war ja überdies zerstört. Und, seltsam, trotz aller aufgewendeten Mühe konnte ich nicht erfahren, in welchem Winkel sich die wertvollste Figur von allen, der kunstreiche Kasperl verborgen hatte. Und was war ohne ihn die ganze Puppenwelt!

Aber vor einem anderen, ernsteren Spiele sollte bald der Vorhang fallen. Ein altes Brustleiden war bei unserem Vater wieder aufgewacht, sein Leben neigte sich augenscheinlich zu Ende. Geduldig und voll Dankbarkeit für jeden kleinen Liebesdienst lag er auf seinem Bette. „Ja, ja", sagte er lächelnd und hob so heiter seine Augen gegen die Bretterdecke des Zimmers, als sähe er durch dieselbe schon in die ewigen Fernen des Jenseits, „es is scho richtig g'wes'n: mit den Menschen hab' ich nit immer könne firti werdn; da droben mit den Engeln wird's halt besser gehen; und – auf alle Fäll', Lisei, i find' ja doch die Mutter dort."

– – Der gute kindliche Mann starb; Lisei und ich, wir haben ihn bitterlich vermißt; auch der alte Heinrich, der ihm nach wenigen Jahren folgte, ging an seinen noch übrigen Sonntagnachmittagen umher, als wisse er mit sich selber nicht wohin, als wolle er zu einem, den er doch nicht finden könne.

Den Sarg unseres Vaters bedeckten wir mit allen Blumen des von ihm selbst gepflegten Gartens; schwer von Kränzen wurde er auf den Kirchhof hinausgetragen, wo unweit von der Umfassungsmauer das Grab bereitet war. Als man den Sarg hinabgelassen hatte, trat unser alter Propst an den Rand der Gruft und sprach ein Wort des Trostes und der Verheißung; er war meinen seligen Eltern stets ein treuer Freund und Rater gewesen; ich war von ihm konfirmiert, Lisei und ich von ihm getraut worden. Ringsum auf dem Kirchhofe war es schwarz von Menschen; man schien von dem Begräbnisse des alten Puppenspielers noch ein ganz besonderes Schauspiel zu erwarten. – Und etwas

Besonderes geschah auch wirklich; aber es wurde nur von uns bemerkt, die wir der Gruft zunächst standen. Lisei, die an meinem Arme mit hinausgegangen war, hatte eben krampfhaft meine Hand gefaßt, als jetzt der alte Geistliche dem Brauche gemäß den bereit gestellten Spaten ergriff und die erste Erde auf den Sarg hinabwarf. Dumpf klang es aus der Gruft zurück. „Von der Erden bist du genommen", erscholl jetzt das Wort des Priesters; aber kaum war es gesprochen, als ich von der Umfassungsmauer her über die Köpfe der Menschen etwas auf uns zufliegen sah. Ich meinte erst, es sei ein großer Vogel; aber es senkte sich und fiel gerade in die Gruft hinab. Bei einem flüchtigen Umblick – denn ich stand etwas erhöht auf der aufgeworfenen Erde – hatte ich einen der Schmidt-Jungen sich hinter die Kirchhofmauer ducken und dann davonlaufen sehen, und ich wußte plötzlich, was geschehen war. Lisei hatte einen Schrei an meiner Seite ausgestoßen, unser alter Propst hielt wie unschlüssig den Spaten zum zweiten Wurfe in den Händen. Ein Blick in das Grab bestätigte meine Ahnung: oben auf dem Sarge, zwischen den Blumen und der Erde, die zum Teil sie schon bedeckte, da hatte er sich hingesetzt, der alte Freund aus meiner Kinderzeit, Kasperl, der kleine lustige Allerweltskerl. – Aber er sah jetzt gar nicht lustig aus; seinen großen Nasenschnabel hatte er traurig auf die Brust gesenkt; der eine Arm mit dem kunstreichen Daumen war gegen den Himmel ausgestreckt, als solle er verkünden, daß, nachdem alle Puppenspiele ausgespielt, da droben nun ein anderes Stück beginnen werde.

Ich sah das alles nur auf einen Augenblick, denn schon warf der Propst die zweite Scholle in die Gruft: „Und zur Erde wieder sollst du werden!" – Und wie es von dem Sarg hinabrollte, so fiel auch Kasperl aus seinen Blumen in die Tiefe und wurde von der Erde überdeckt.

Dann mit dem letzten Schaufelwurfe erklang die tröstliche Verheißung: „Und von der Erden sollst du auferstehen!"

Als das Vaterunser gesprochen war, und die Menschen

sich verlaufen hatten, trat der alte Propst zu uns, die wir noch immer in die Grube starrten. „Es hat eine Ruchlosigkeit sein sollen“, sagte er, indem er liebreich unsere Hände faßte. „Laßt u n s es anders nehmen! In seiner Jugendzeit, wie Ihr es mir erzähltet, hat der selige Mann die kleine Kunstfigur geschnitzt, und sie hat einst sein Eheglück begründet; später, sein ganzes Leben lang, hat er durch sie, am Feierabend nach der Arbeit, gar manches Menschenherz erheitert, auch manches Gott und den Menschen wohlgefällige Wort der Wahrheit dem kleinen Narren in den Mund gelegt; – ich habe selbst der Sache einmal zugeschaut, da Ihr noch beide Kinder waret. – Laßt nun das kleine Werk seinem Meister folgen; das stimmt gar wohl zu den Worten unserer heiligen Schrift! Und seid getrost; denn die Guten werden ruhen von ihrer Arbeit.“
– Und so geschah es. Still und friedlich gingen wir nach Hause; den kunstreichen Kasperl aber und unseren guten Vater Joseph haben wir niemals wiedergesehen.
– – Alles das – setzte nach einer Weile mein Freund hinzu – hat uns manches Weh bereitet; aber gestorben sind wir beiden jungen Leute nicht daran. Nicht lange nachher wurde unser Joseph uns geboren, und wir hatten nun alles, was zu einem vollen Menschenglück gehört. An jene Vorgänge aber werde ich noch jetzt Jahr um Jahr durch den ältesten Sohn des schwarzen Schmidt erinnert. Er ist einer jener ewig wandernden Handwerksgesellen geworden, die, verlumpt und verkommen, ihr elendes Leben von den Geschenken fristen, die nach Zunftgebrauch auf ihrer Ansprache die Handwerksmeister ihnen zu verabreichen haben. Auch meinem Hause geht er nie vorbei.“
Mein Freund schwieg und blickte vor sich in das Abendrot, das dort hinter den Bäumen des Kirchhofs stand; ich aber hatte schon eine Zeit lang über die Gartenpforte, der wir uns jetzt wieder näherten, das freundliche Gesicht der Frau Paulsen nach uns ausblicken sehen. „Hab ich’s nit denkt!“ rief sie, als wir nun zu ihr traten. „Was habt Ihr

wieder für ein Langes abzuhandeln? Aber nun kommt ins Haus! Die Gottesgab' steht auf dem Tisch; der Hafenmeister is auch schon da; und ein Brief vom Joseph und der alt' Meisterin! – – Aber was schaust mi denn so an, Bub?"
Der Meister lächelte. „Ich hab' ihm was verraten, Mutter. Er will nun sehen, ob du auch richtig noch das kleine Puppenspieler-Lisei bist!"
„Ja freili!" erwiderte sie und ein Blick voll Liebe flog zu ihrem Mann hinüber. „Schau nur richtig zu, Bub! Und wenn du es nit kannst find'n, – der da, der weiß es gar genau!"
Und der Meister legte schweigend seinen Arm um sie. Dann gingen wir ins Haus zur Feier ihres Hochzeitstages. –
Es waren prächtige Leute, der Paulsen und sein Puppenspieler-Lisei.

Kommentar

Worterklärungen

Algebra-Exempel: Mathematik-Hausaufgaben
Auktion: Versteigerung
Bas: oberdeutsch für Tante
baß entraten: will ich besser nicht haben
Bergamotten: Birnensorte
Blechlampetten: Gehäuse, in denen offene Lichter brennen
Brinnrot: Feuerrot
Brudersohn: Vetter
brummin: mürrisch sein, schmollen
Büchse: Gewehr
Korporal: Unteroffizier
deputierter Bürger: Vertreter der Bürger im Stadtrat
die Zeit verdeutschen: darauf hinweisen, wie spät es ist
Diskant-Töne: Hohe Töne (Sopran)
Dirnchen: Mädchen
Doppeltschilling: Münze, ca. 10 Pfennig wert
Exercitium: Schriftliche Schulaufgabe
Famulus: Gehilfe eines Gelehrten
Federmesser: Messer zum Zuschneiden des Gänsekiels, einer Schreibfeder
Felleisen: lederner Rucksack
Foliant: großformatiges Buch
Gabeldeichsel: Doppeldeichsel zum Einspannen eines Pferdes
Genovefa: In der Sage Gemahlin des Herzogs Siegfried von Brabant, die, unschuldig des Ehebruchs verdächtigt, zu den wilden Tieren ausgesetzt wird. Eine Hirschkuh lebt mit ihr und dem kleinen Sohn zusammen, bis sie, nachdem ihre Unschuld bewiesen wurde, von ihrem Gemahl wieder heimgeführt wird.
Gerechtigkeit: Die Meisterin hatte das Recht, 5 Mal ca. drei Kubikmeter Holz im Wald zur Feuerung schlagen zu lassen.

Gewerke: veraltet für Gewerbe, Handwerke
Haff: das Meer über dem Watt
Heiderücken: Höhenzug, der mit Heidekraut bewachsen ist; hier ein Geestrücken nahe der Nordseeküste
Harzdritteln: Münzen im Wert von ca. einer Mark
Haupt- und Prinzipalkasperl: Die Hauptfigur im Puppenspiel trat bereits als „Hans Wurst" in den Haupt- und Staatsaktionen der Wanderbühnen auf, die von einem „Prinzipal" genannten Direktor geleitet wurden; hier gleichbedeutend mit Hauptkasperl.
Heere, mei Gutester: sächsische Mundart: höre, mein Bester
Heißewecken: Hefegebäck
Höger up, Kröpel-Lieschen! Höger up!: (Plattdeutsch) Höher hinauf, Krüppel-Lieschen, höher hinauf!
Holzluken: hölzerne Läden
Honoratioren: ehrbare Bürger
Hurra! ...: (Plattdeutsch) Hurra, Kasper ist tot, Lotte ist tot, die Komödie ist zu Ende! – „Lott is dod" heißt es zu Beginn eines plattdeutschen Volksliedes.
Kattun: Baumwollgewebe
der Klock: die Uhr
Kosakenwinter: Während der Befreiungskriege (1813–1815) suchten russische Kosaken 1813/14 auch Husum heim.
Krammetsvögel: Wacholderdrossel, die gerne als Delikatesse gegessen wurde
Kremnitzer Dukaten: Ungarische Münzen im Wert von etwa 10 Mark
Landreiter: Landjäger, Polizist
Lappalien: unbedeutende Kleinigkeiten
Lazarett: Krankenhaus
Leumundszeugnis: Führungszeugnis
Levkoien: Frühsommerblumen
Leier: Saiteninstrument
Magnifizenz: Anrede des Rektors einer Universität

Mechanikus: zunächst bloß Mechaniker, dann aber Beiname der Marionettenspieler
Michaelis-Jahrmarkt: nach dem Feiertag Erzengel Michaels (29. September) benannter Markt zum Ende der Ernte
Nähschraube: hölzernes Gerät zur Befestigung am Nähtisch, das ein Nadelkissen trägt
Nankinganzug: Anzug aus gelb gefärbtem Baumwollstoff, der seinen Ursprung in China hatte
Pole: niederdeutsche Koseform von Paul
Primaner-Schulbücher: Primaner ist der Besucher der letzten Klasse der Gelehrtenschule
Puppenspieler Geiselbrecht: Der Mechanikus Georg Geiselbrecht wirkte in der ersten Hälfte des 19. Jahrhunderts in ganz Deutschland; er gab unter anderen Stükken auch „Genovefa“ und den „Doktor Faust“ und besuchte 1817 Husum.
Quarta: Die vierte Klasse des Gymnasiums (von oben gerechnet); Paul hatte danach eine dem heutigen Hauptschulabschluß vergleichbare Schulbildung.
Rechenmeister: Mathematiklehrer
Reputation: guter Ruf, Ansehen
reputierlich: ehrlich
revidierte: brachte in Ordnung
Schöne Minka, ich muß scheiden!: Anfang eines Gedichts nach einem russischen Volkslied von Christoph August Tiedge (1752–1841)
Schulsack: Schultornister, der auf dem Rücken getragen wird
schwindsüchtig: von Tuberkulose gezeichnet
Suffitten: Suffitten sind kurze Vorhänge unterhalb der Bühnendecke
Souffleur: Einsager beim Theater
Steigen: Wege
Stieg: altes Mengenmaß, 20 Stück
strählen: kämmen

Subrektor: Zweiter Lehrer an der Gelehrtenschule
Talar: Umhang, wie ihn Geistliche und Professoren trugen
Tressen: Absätze auf Kleiderstoffen
Vagabonden: Herumtreiber, Tagediebe
Verspruch: Verlobung
Vesperzeit: Zeit der Zwischenmahlzeit am Nachmittag
Wanderschaft: Die ausgelernten Gesellen waren verpflichtet, auf der Wanderschaft bei unterschiedlichen Handwerksmeistern Berufserfahrung zu sammeln. Die Wanderzeit war durch strenge Zunftregeln und -gesetze genau vorgeschrieben.
Weißens Kinderfreunde: Christian Felix Weiße (1726–1804) gab von 1776 bis 1782 die pädagogische Schriftenreihe „Der Kinderfreund" heraus.
Wochenblättchen: Nachrichtenblatt, in dem Geschäfts- und Privatanzeigen veröffentlicht werden konnten.
zu den Worten unserer heiligen Schrift: Der Pfarrer spricht die Worte aus dem Neuen Testament (Offenbarung des Johannes, Kap. 14, 13): „Selig sind die Toten, die in dem Herrn sterben, von nun an."
zunftberechtigte Gäste: Der Zunft (eines bestimmten Handwerks) angehörende Gäste, die besondere Rechte wahrnehmen dürfen; die Tendlers als „Fahrendes Volk" gehörten keiner Zunft an.

Zur Textherstellung

Erstveröffentlichung: Deutsche Jugend, hg. von Julius Lohmeyer, Bd. 4, Leipzig 1874, S. 129–143 und S. 161–171.
Erste Buchausgabe: Waldwinkel. Pole Poppenspäler. Novellen. Braunschweig 1875, S. 115–220.
Werkausgabe: Gesammelte Schriften, Bd. 9, Braunschweig 1877, S. 1–106 mit der Datierung „1873/74".

Kritische Ausgaben: Sämtliche Werke in acht Bänden, hg. von Albert Köster. Leipzig 1919/20, Bd. 4.
Sämtliche Werke, hg. von Karl Ernst Laage und Dieter Lohmeier. Frankfurt am Main 1987/88, Bd. 2.
Der Text des vorliegenden Abdrucks der Novelle folgt dem 9. Band der „Gesammelten Schriften", die 1868 begonnen und ein letztes Mal von Storm für die Ausgabe von 1889 durchgesehen wurden. Lautstand und Zeichensetzung sowie die Schreibung von Eigennamen wurden beibehalten; die Rechtschreibung wurde den heute geltenden Regeln angeglichen. Folgende Druckfehler der Ausgabe von 1889 (rechte Seite) wurden z. T. nach den älteren Textfassungen berichtigt:

Doppeltschillingplatze.	Doppelschillingplatze.
ich geh nit furt	ich geh ni furt
verlor es sich mehr und mehr	verlor es sich
Das kleine Fuhrwerk	Das kleine Fuhrwerk
dagegen drinnen	drin

Eine Reihe von Argumenten spricht für dieses Verfahren: Storm hat fast alle seine Novellen zunächst in einer Zeitschrift veröffentlicht. Er zog so optimalen ökonomischen Nutzen aus seinen Werken; zugleich diente der Zeitschriften-Text als Grundlage für eine oft durchgreifende Bearbeitung, in die Storm aus der Distanz nach Abschluß des Schreibprozesses auch kritische Anmerkungen von Freunden und Bekannten einarbeiten konnte.
Der durchkorrigierte Zeitschriften-Druck wurde zur Vorlage für die erste Buchveröffentlichung. In manchen Novellen sind die Veränderungen gegenüber dem Zeitschriftenabdruck so gravierend, daß von einem neuen Text gesprochen werden kann. Vor der Aufnahme in die „Sämtlichen Schriften" hingegen veränderte Storm nur noch Kleinigkeiten. Die auf diese Weise entstandenen Texte, die bis heute Grundlagen für sämtliche Einzel- und Sammel-

ausgaben sind, waren von Storm autorisiert und stellen den Endzustand eines mehr oder weniger umfangreichen Bearbeitungsvorgangs dar; manche zeigen die künstlerische Vollendung eines längeren Entwicklungsprozesses[1].
Wie aus einem Brief[2] des Literaturwissenschaftlers Georg Scherer vom 15. April 1874 hervorgeht, hatte Storm bei der Novelle „Pole Poppenspäler“ wegen des langen Zeitraums zwischen Satz des Textes und Fertigstellung der Holzstöcke für die Illustrationen genügend Zeit, die Korrekturen sorgfältig zu lesen. Dadurch konnte er im Gegensatz zu vielen anderen Novellen, die er zur Erstveröffentlichung einer Zeitschrift zur Verfügung stellte, den Prozeß vom handschriftlichen Manuskript zum Erstdruck genauer verfolgen und beeinflussen. Der Erstdruck weist gegenüber der Reinschrift, die der Druckerei als Vorlage gedient hat, insgesamt 460 Veränderungen auf; bei 60 Eingriffen handelt es sich um Berichtigungen von Schreibfehlern oder nicht mehr gebräuchlichen Schreibweisen Storms bzw. um die Normalisierung des uneinheitlichen Manuskripts. 144 Veränderungen betreffen Storms Zeichensetzung, 64 die Rechtschreibung; sie wurden vom Autor stillschweigend bestätigt.
Es läßt sich heute nicht mehr im einzelnen feststellen, welche Eingriffe von der Redaktion, den Setzern oder dem Autor selber stammen; es sind fünf gestrichene Satzteile, ganze Sätze oder Abschnitte, 14 Wortumstellungen, außerdem 38 lautliche Veränderungen (zumeist Streichung oder Hinzufügung von „e“); schließlich wurden an 103 Stellen Wörter weggelassen, hinzugefügt oder verändert.
Daß durch diese Eingriffe der Text des Erstdrucks nicht unerheblich von dem der Handschrift abweicht, soll durch einige Beispiele dokumentiert werden. Die linke Seite zeigt den Text so, wie er zuerst im Druck erschienen ist, rechts wird der Text kursiv nach der Handschrift wiedergegeben; die Seitenangaben verweisen auf die entsprechenden Stellen in der „Deutschen Jugend“:

ich aber, aus unserer Kiste heraus, erzählte mit geflügelten Worten, (S. 140)	*ich aber, aus unserer Kiste heraus, erzählte jetzt mit fliegenden Worten,*
nur blühten damals nicht mehr die rothen Nelken auf den Beeten dort; (S. 141)	*nur blühten damals nicht die Erbsen auf den Beeten dort;*
mit dem Buche (S. 142)	*in den Weißeschen Kinderfreund vertieft*
Der schwindsüchtige Inspector (S. 164)	*Der hecktische Inspector*
„Sie werden mächtig reden, Lisei.“ „Und du hast nit Furcht davor?“ Ich lachte nur dazu. (S. 166)	*„Sie werden reden, Lisei; und nachher werden sie schweigen; ich aber heirate mein Weib nicht für die andern Leute.“*

Wie auch kleine Abweichungen einen Text verändern können, zeigt folgendes Beispiel:
Als der junge Paul Paulsen nach seinem verhängnisvollen Griff an die Mechanik des Kasperl im Publikum die Aufführung des „Doktor Faust“ ansieht, bleibt die Marionette plötzlich stehen. Der Text lautet im Erstdruck:

Kasperl sprach und thats
nicht weiter. („Deutsche Jugend“, S. 137)

Der Satz ist nichtssagend, ja eigentlich sogar falsch: Was sprach Kasperl, als er es nicht mehr tat? Dieser Satz erhält erst einen Sinn, wenn das hinzugefügte „s“ weggestrichen wird:

Casperle sprach und that
nicht weiter.

Dann nämlich zeigt dieser Satz die erzählerische Meisterschaft Storms. Aus der Perspektive des zuschauenden Jungen beschreibt Storm die Situation exakt: Die Marionette verstummt und erstarrt; zugleich kann nur dieser Zuschauer etwas über die Ursache des Verstummens und Erstarrens wissen, weil nämlich der Marionettenspieler mit der defekten Puppe keine Bewegung mehr ausführen kann und vor Schreck „sprachlos" ist.

Storm war es um eine sorgfältige Revision der Korrekturfahnen zu tun; eine Fülle von Verbesserungen konnten daher auch in den Erstdruck einfließen; allerdings hat die Korrekturarbeit zu Veränderungen gegenüber der Handschrift geführt, die vermutlich vom Autor nicht gewollt waren. Später hat Storm diese Abweichungen zu einem großen Teil nicht mehr zurückgenommen.

Storm ist in seiner Handschrift sehr genau, was die Wortwahl betrifft; da fällt sogar ins Gewicht, wenn er seiner Erzählung einen ganz besonderen Klang durch die sprachlichen Details verleiht, die seine genaue Beobachtungsgabe belegen und durch die im Leser erst die Vorstellungen erzeugt werden, die der Dichter vermitteln will. Auch hierfür ein Beispiel: Am Schluß der Novelle drängt sich dem unruhig gewordenen Paul Paulsen die Menge entgegen, die nach dem Skandal aus der Vorstellung seines Schwiegervaters strömt. Paulsen nimmt zuerst nur das Schreien und Lachen wahr; dann erst blickt er auf. Im Erstdruck steht: „Als ich aufsah, erblickte ich die schwarzen Gesichter der beiden Schmidt-Jungen über mir." („Deutsche Jugend", S. 169) In der Handschrift hatte Storm die Situation treffender geschildert: *„Als ich aufblickte, sah ich in das Gesicht der schwarzen Schmidtjungens."* Der erste Satz mag den grammatischen Normen angemessen sein; Storms ursprüngliche Formulierung ist weitaus poetischer und vermittelt dem Leser unmittelbar die Empfindung Pauls in dieser Situation, in der er in „das" Gesicht der Schmidt-Jungen blickt und damit die Ursache des Theaterskandals erfaßt hat.

Storm hat einigen inhaltlichen Änderungen für den Erstdruck zugestimmt, die von der Redaktion vorgenommen wurden, wie er im Nachwort zur Buchausgabe ausdrücklich bestätigt (vergl. den Text des Nachwortes in dieser Ausgabe auf S. 88). Es handelt sich um Streichungen, die aus Rücksichtnahme gegenüber dem Leserpublikum vorgenommen wurden; beide Stellen betreffen Lisei, deren „schwarze Mädchenaugen" den Redakteuren offenbar anstößig erschienen. Auch der Hinweis, daß Lisei einige Zeit nach der Hochzeit auf die österliche Beichte bei einem katholischen Pfarrer verzichtete, schien den meist katholischen Lesern nicht zumutbar[3]. Die beiden gestrichenen Textstellen haben folgenden Wortlaut:

Der Erzähler schwieg eine Weile. „Und nicht wahr", begann er wieder, „nun weißt du auch nachgerade, wer das Lisei ist?" („Deutsche Jugend", S. 166)
Und, mein Junge, unterbrach sich hier der Erzähler, wie einem bei solchen Worten ein Paar schwarze Mädchenaugen ansehen, das sollst du nun noch lernen, wenn du erst ein Stieg Jahre weiter bist!
„Ja, ja", dachte ich, „zumal ein Paar Augen, die einen See ausbrennen können!"
„Und nicht wahr", begann Paulsen wieder, „nun weißt du auch nachgerade, wer das Lisei ist?" (Handschrift)

Dann hielten wir die Hochzeit; ganz in der Stille; denn Blutsfreunde hatten wir weiter nicht am Ort; nur der Hafenmeister, mein alter Schulkamerad, war als Trauzeuge mit zugegen. Lisei war, wie ihre Eltern, katholisch; daß aber das ein Hinderniß für unsere Ehe sein könne, ist uns niemals eingefallen. („Deutsche Jugend", S. 166)
Dann hielten wir die Hochzeit; ganz in der Stille; denn Blutsfreunde hatten wir weiter nicht am Ort; nur der Hafenmeister, mein alter Schulkamerad, war als Trauzeuge mit zugegen. Lisei war, wie ihre Eltern, katholisch; daß aber das ein Hinderniß für unsere Ehe sein könne, ist uns niemals eingefallen.
In den ersten Jahren reiste sie wohl zur österlichen Beichte nach unserer Nachbarstadt, wo, wie du weißt, eine katholische Gemeinde ist; nachher hat sie ihre Kümmernisse nur ihrem Mann gebeichtet, und wir hoffen fest, daß der liebe Gott auch so ihr Gebet vernommen hat. (Handschrift)

Diese beiden letzten Streichungen hat Storm für die Buchausgabe wieder nach der Handschrift ergänzt, dabei aber den Schlußsatz der letzten Kürzung ausgelassen.
Eine weitere Stelle hat der Autor für den Druck verändert, nachdem er sich noch ein zweites Exemplar der Korrektur-

fahnen hatte schicken lassen. Storm schreibt am 14. April an den Herausgeber der „Deutschen Jugend“, Alphons Dürr[4]: „Freilich – könnte ich nicht noch den letzten Bogen, worin ich die Begräbnißszene geändert, in doppelter Revision bekommen?“ In der Handschrift schließt die Begräbnisszene folgendermaßen:

Dumpf klang es aus der Gruft zurück. „Von der Erden bist du genommen“, erscholl jetzt das Wort des Priesters, und dann beim zweiten Wurf: „Zu Erde wieder sollst du werden!“ Da, als er kaum das Wort gesprochen, sah ich von der Umfassungsmauer her über die Köpfe der Menschen etwas auf uns zu fliegen. [...]
Ich sah das Alles nur auf einen Augenblick; denn schon warf der Probst die letzte Schaufel in die Gruft: „Und von der Erden sollst du wieder auferstehen!“ – Und wie es von dem Sarg hinabrollte, so fiel auch Casperle aus seinen Blumen in die Tiefe und wurde von der Erde überdeckt.

Storm veränderte diese Szene für den Zeitschriftendruck noch einmal gründlich („Deutsche Jugend“, S. 170):

Dumpf klang es aus der Gruft zurück. „Von der Erden bist du genommen,“ erscholl jetzt das Wort des Priesters; aber kaum war es gesprochen, als ich von der Umfassungsmauer her über die Köpfe der Menschen etwas auf uns zu fliegen sah. [...]
Ich sah das Alles nur auf einen Augenblick; denn schon warf der Probst die zweite Scholle in die Gruft: „Und zur Erde wieder sollst du werden!“ – Und wie es von dem Sarg hinabrollte, so fiel auch Kasperle aus seinen Blumen in die Tiefe und wurde von der Erde überdeckt.
Dan klang es zum dritten Male dumpf aus der Gruft hinauf. „Und von der Erden sollst du auferstehn!“

Das an den Verlag gegangene Manuskript wurde also, wie der Textvergleich mit dem Erstdruck zeigt, erheblich verändert; viele Eingriffe waren erforderlich, manche sind, wie aus den Dokumenten hervorgeht, aus guten Gründen vorgenommen worden. Dennoch hat dieser intensive Revisionsprozeß zu einigen Veränderungen geführt, die im Vergleich mit dem Text der Handschrift nicht unbedingt eine Verbesserung darstellen. Als literarisches Dokument allerdings ist die Handschrift nicht wirksam geworden, sondern nur die gedruckten Fassungen, so daß bei einer

Neuausgabe der Novelle auch auf diese zurückgegriffen werden muß.

Die Entstehungsgeschichte

Den Anstoß zur Novelle „Pole Poppenspäler" gab der Schriftsteller und Journalist Julius Lohmeyer (1835–1904), der von 1873 bis 1893 im Verlag Alphons Dürr, Leipzig, die Zeitschrift „Deutsche Jugend" herausgab. Lohmeyer hatte sich zum Ziel gesetzt, in seiner Zeitschrift geeignete Lesestoffe für Jugendliche anzubieten; zu diesem Zweck forderte er bekannte zeitgenössische Schriftsteller zur Mitarbeit auf, darunter neben Emanuel Geibel und Eduard Mörike auch Theodor Storm.

Storm nahm dieses Angebot an und setzte sich unmittelbar nach Vollendung der Novelle „Viola tricolor" an die Arbeit. Über den Arbeitsprozeß berichtet er in verschiedenen Briefen:

An Paul Heyse, 17. November 1873:
Und jetzt sitze ich schon wieder mitten in dieser Puppenspielgeschichte, worin ich so frech bin das Puppenspielerkind bayrisch sprechen zu lassen.

An Julius Lohmeyer[5]*, 1. Dezember 1873:*
Für ein etwaniges Arrangement der bevorstehenden Hefte Ihrer „Deutschen Jugend" gestatte ich mir, Sie vorläufig davon in Kenntniß zu setzen, daß ich mit einer längeren Erzählung beschäftigt bin, die ich für dieselbe bestimmt habe. Wenn nicht ganz besondere Hindernisse eintreten, werde ich Ihnen das M⟨anus⟩S⟨cript⟩ bis Mitte Januar einsenden können. Die Erzählung, welche wohl auf zwei Hefte verteilt werden muß, ist bereits mehr als zur Hälfte vollendet.

An Alphons Dürr, 26. Dezember 1873:
Meine Erzählung für unsre(?) „Deutsche Jugend" ist die letzte Zeit über Weihnachtsvorbereitungen u. Besuchen etwas in's Stocken gerathen; dennoch hoffe ich Lohmeyer, der mir einen sehr lieben Brief geschrieben – der Mann ist ebenso einsichtig wie bescheiden –⟨,⟩ einen wesentlichen Theil zu Neujahr in Reinschrift zu senden. Sie können Beide dann schon sehen, ob es Ihnen behagt, und solchenfalls auch schon Ilustrationen dazu

machen lassen, denn das zunächst Abzusendende enthält die in sich abgeschlossenen Jugenderlebnisse des Erzählers. […] Vollendet wird meine Erzählung, wie ich bestimmt annehme, im Lauf des Januar.

An Alphons Dürr, 14. Januar 1874:
Um Ihren Wünschen entgegenzukommen, will ich mein Dispositionsrecht an der qu⟨ästionirten⟩ Erzählung bis 1 Mai 1875 aufgeben; und hoffe ich daß damit dieser Punkt geordnet ist. In Betreff des Fortgangs der Geschichte wollen Sie sich völlig beruhigen; wenn ich auch wollte, ich könnte ihn gar nicht so schreiben, daß er für die Deutsche Jugend unlesbar oder unpassend wäre. In dieser Beziehung habe ich an meiner Arbeit nichts auszusetzen; wären alle Anforderungen so befriedigt, dann würde schließlich auch ich befriedigt werden. Trotz jetzt schwerer amtlicher Arbeitslast rückt das Werkchen stetig weiter u. hoffe ich mit Ende d. M⟨onat⟩s abliefern zu können.

An Julius Lohmeyer, 29. Januar 1874:
Beifolgend, geehrter Herr Doctor, den Anfang (S. 36) sowie Fortsetzung und Schluß des „Pole Poppenspäler". Es sind noch 40 Seiten hinzugekommen, so daß sich das Ganze jetzt auf 95 Seiten stellt. Über die Bedingungen sind wir ja einig; nur bitte ich, mir doppelte Correcturbogen und demnächst 3 Abdrucke der betreffenden Bogen zu veranlassen. Herrn Dürr bitte ich, seine kleine Rechnung von dem Honorar abzuziehen.
Da ich die anliegende Reinschrift aus dem Concept heraus u. vielfach umgearbeitet habe, so bitte ich das M⟨anu⟩sS⟨kript⟩ recht vor Wasser-und Feuergefahr in Acht zu nehmen u. es baldmöglich durch den Druck unter Dach zu bringen.
Dann wäre noch mein Wunsch, wenn möglich, die Erzählung in 2 Heften zu geben. Die Theilung bestimmt sich von selbst durch den Schluß der Jugendgeschichte.
Möge Ihnen denn nun auch dieser zweite Theil zusagen; nach meinem Erachten steht er dem ersten nicht nach, obgleich ich ihn unter einer Last von Brand-, Diebstahls-, Nothzuchts- u.s.w. Untersuchungen geschrieben habe, die grade in den letzten Monaten auf mich eingefallen sind. Meine Nerven tanzen aber auch jetzt; und es soll ein wenig geruht werden.

An Alphons Dürr, 14. April 1874:
Sollte der Abdruck des Satzes noch nicht vorgenommen sein, so bitte ich wo möglich noch 8 Tage damit zu warten; die Herrn Süddeutschen (Herr Offterdinger u. Prof. G. Scherer) wünschen einige kleine Correcturen im Dialect wie „Bub'n" statt „Bub" etc. Sollte es nicht mehr möglich sein, so liegt wenig daran, da die guten Puppenspieler ja überall nicht ganz Dialect sprechen sollen, ⟨sie⟩ auch wohl die Dialekt-Flexion der Worte(?) in aller Herren Länder etwas verschlissen haben können.

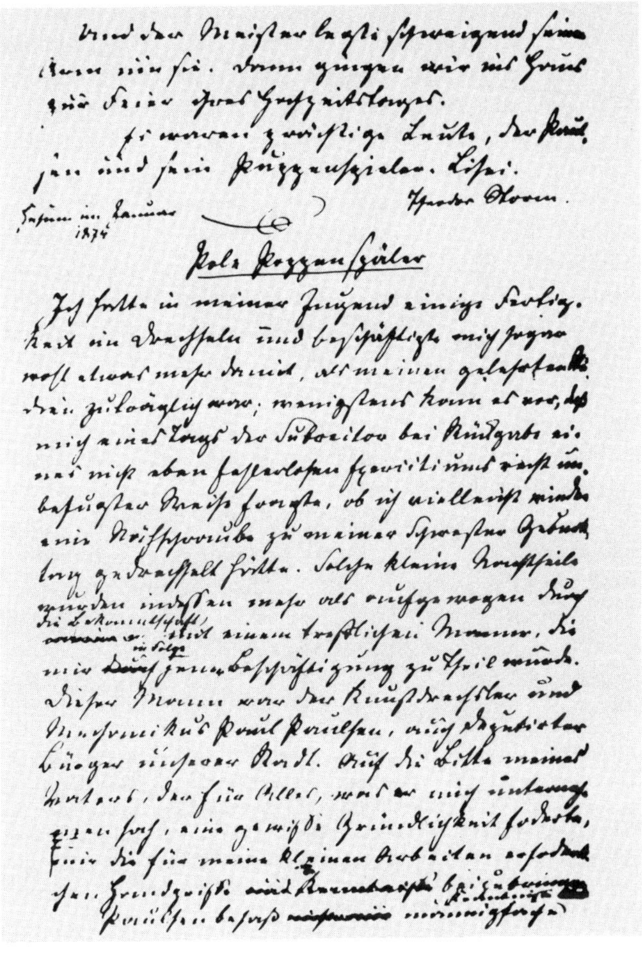

Abb. 1. Manuskriptseite „Pole Poppenspäler“, Handschrift Theodor Storms.

An Alphons Dürr, 18. April 1874:

Ich werde spätestens übermorgen die kleinen Dialect-Correcturen an Sie einsenden, und bitte, mir die Revisionsbogen zu schicken, wenn auch diese im Satz berücksichtigt worden sind.

Die Äußerungen Storms belegen, daß er bei dieser Novelle, was ganz ungewöhnlich für ihn war, den ersten Teil bereits vor der Fertigstellung der ganzen Erzählung, an den Verlag zur Begutachtung geschickt hat. Den zweiten Teil des Manuskripts hat Storm am 29. Januar 1874 dem Redakteur Lohmeyer zugesandt.
Bei dem erhaltenen Manuskript[6] – das erwähnte Konzept ist nicht überliefert – handelt es sich um eine Reinschrift von Storms Hand, die 97 Seiten umfaßt und mit „Husum im Januar 1874" datiert ist[7]. Die Handschrift gibt der Forschung bis heute einige Rätsel auf; die ersten 4 Seiten sind abgetrennt und vernichtet, die Neufassung ist am Schluß nachgetragen. Es läßt sich nicht mehr klären, ob Storm bei der Reinschrift den ursprünglichen Novelleneingang verwarf und einen neuen schrieb, oder ob das Manuskript auf irgendeine Weise unleserlich geworden ist[8].
Storm hat sich sehr bemüht, die Tendlers bayrischen Dialekt sprechen zu lassen; hierzu informierte er sich in dem Buch von Franz von Kobell: Gedichte in oberbayrischer Mundart (München [6]1862); außerdem korrespondierte er darüber mit dem in Stuttgart ansässigen Literaturwissenschaftler Georg Scherer, an den er bereits am *8. Februar 1874* geschrieben hatte:

Im Monat Januar, bis zu Ende aus, habe ich sowohl als Richter, wie als Poet, in einer wahren Arbeitspresse gesessen. In letzterer Beziehung galt es eine Erzählung zu vollenden („Pole Poppenspäler"), die ich Dürr für seine „Deutsche Jugend" versprochen hatte. Das ist denn auch gelungen; ich bin sogar so frech gewesen, die Hälfte der Personen darin süddeutschen Dialekt sprechen zu lassen; natürlich liegen die Verhältnisse so, daß sie ihn nur gemischt zu sprechen brauchen.

Scherer muß daraufhin angeboten haben, den Text kritisch durchzusehen, denn Storm schreibt ihm am *11. April:*

In p⟨un⟩cto „Pole Poppenspäler" greife ich mit beiden Händen zu.
Nur bemerke ich: ich habe mir den Dialect aus der Gegend so zwischen Berchtesgaden u. München gedacht, bairisch u. österreichisch kann so durcheinandergehen. Auch sollen die Leute keineswegs absolut Dialect sprechen (das Kind freilich mehr) denn sie sind ja überall in Deutsch-

land umhergezogen: die beiden Eltern haben vielleicht schon zuviel davon gekriegt. In Situationen der Erregung und der Innigkeit kann es freilich mehr leiden.
Niemals darf ein Dialect-Wort vorkommen, das für einen, der bloß Schriftdeutsch kann, unverständlich wäre. Wollen Sie nun die Güte haben, Vorstehendes berücksichtigend, das beziehungsweise sich aus der Erzählung selbst ergiebt, möglichst schleunigst an den Rand notiren und mir dann den Abdruck schicken, so werde ich Ihnen sehr dankbar sein. Sehen muß ich allerdings die Correkturen, bevor sie abgedruckt werden; bitte Sie dafür aber gute Einfälle nicht zu sparen.
Ist es für den Abdruck in der Jugendzeitung zu spät – und es war auch meine Absicht dazu noch eine sachverständige Revision zu erbitten – ist es doch für den späteren Druck recht.

Scherer antwortete vier Tage später (am *15. April 1874*):

Nun in aller Eile einige kleine sprachliche Bemerkungen zu den öster.-bair. Dialect im „Poppenspäler", dieser ganz reizenden Erzählung, die ich mit wahrem Vergnügen gelesen haben. [...] Die Erzählung verträgt nur einen gehobenen, gl⟨eich⟩s⟨am⟩ idealisirten Dialect, der sich auch noch nach den einzelnen Situationen modificirt; diesen Dialect haben Sie ganz merkwürdig richtig getroffen, so daß nur Kleinigkeiten zu berichtigen sind.

Scherer schlug 42 Änderungen der Schreibweise vor; unter anderem wies er darauf hin, daß „Casperl" dem bairischen Sprachgebrauch, „Casperle" hingegen und auch sonst allerhand Ausdrucksweisen Storms dem schwäbischen entsprechen. Storm änderte darauf die erste Erwähnung des Namens in den Korrekturbogen in „Casperl". Sowohl dort wie auch in allen weiteren Buchausgaben finden sich aber folgende Schreibweisen nebeneinander: „Kasper", „Kasperl" und „Kasperle".
Wir sehen aus diesen Dokumenten, wie intensiv Storm bemüht war, den Druck bis zum letzten Augenblick zu fördern und sogar einen Sachverständigen einbezog, um die Erzählung so authentisch wie möglich erscheinen zu lassen.
1874 wurde die Novelle im vierten Band der „Deutschen Jugend" zum ersten Mal gedruckt; die Illustrationen, die Storms volle Zustimmung fanden, stammen von Carl Offterdinger. Auch die Arbeit des Illustrators wurde von

Storm kritisch begleitet. Schon in seinem Schreiben an Dürr vom 26. Dezember 1873 lobte er den Illustrator Oppenheimer, der Mitarbeiter der „Deutschen Jugend“ war, setzte aber hinzu: „dennoch ist mir, als sei für meine Geschichte der geniale Paul Meyerheym der Rechte; haben Sie keine Beziehungen zu ihm, so wird Meister Oppenheimer es auch schon machen.“ Der Verlag hat dann aber Carl Offterdinger beauftragt, die Novelle zu illustrieren. Storms Interesse an diesem Vorgang geht aus seinen Briefen an Dürr hervor.

14. April 1874:

Herr Offterdinger hat mir brieflich die Hoffnung gemacht, daß ich die an Sie abgesandten Original-Bilder zum „Pole Poppenspäler“ einmal zu Gesicht bekommen würde. Ich bitte daher förmlich darum, sobald die Fertigstellung der Sache es erlaubt, und verspreche in wenigen Tagen zurück zu schicken.

31. August 1874:

Darf ich an die Zusendung der bedungenen Abdrücke meiner Erzählung erinnern? Ich kann sie nicht wohl entbehren. – Von den Illustrationen finde ich Nr. 1, 2 (nur das Lisei ist hier zu jung und zu wenig lebendig) u 6 besonders gelungen. Bei N 3 ist der Kasperl nicht grotesk genug u der Paul zu jung. –

Storms Bemühungen um eine angemessene Ausdrucksweise und um gehaltvolle Illustrationen haben sich ausgezahlt; der Text stieß bei der Mehrzahl seiner Freunde und Bekannten auf Zustimmung; noch heute zeigen die Illustrationen, daß sich Offterdinger viel Mühe gemacht und die Atmosphäre der Erzählung auch anschaulich wiedergegeben hat.

Nach der Durchsicht des Zeitschriftendrucks für die Buchausgabe schrieb Storm folgendes Nachwort:

Als bei der Begründung der Zeitschrift „Deutsche Jugend“ auch meine Mitarbeit gewünscht wurde, vermochte ich, ungeachtet meiner Teilnahme für das so reich ausgestattete Unternehmen, dem Verlangen der Herren Herausgeber nach einer novellistischen Arbeit erst nach geraumer Zeit genügen.

Die Schwierigkeit der „Jugendschriftstellerei“ war in ihrer ganzen Größe

vor mir aufgestanden. „Wenn du für die Jugend schreiben willst", – in diesem Paradoxen formulierte es sich mir, „so darfst du nicht für die Jugend schreiben! – Denn es ist unkünstlerisch, die Behandlung eines Stoffes so oder anders zu wenden, je nachdem du dir den großen Peter oder den kleinen Hans als Publikum denkst."
Durch diese Betrachtungsweise aber wurde die große Welt der Stoffe auf ein nur kleines Gebiet beschränkt. Denn es galt einen Stoff zu finden, der, unbekümmert um das künftige Publikum und nur seinen inneren Erfordernissen gemäß behandelt, gleichwohl, wie für den reifen Menschen, so auch für das Verständnis und die Teilnahme der Jugend geeignet war.
Endlich wurde die vorstehende Erzählung geschrieben. – Ob nun darin die aufgestellte Theorie auch praktisch betätigt worden, oder, wenn dies auch im wesentlichen, ob nicht im einzelnen hie und da die Phantasie mir einen Streich gespielt, so daß ich unbewußt dem zunächst bestimmten jungen Hörerkreis beim Erzählen gegenübergesessen habe, – beides wird der geneigte Leser besser als der Verfasser selbst zu beurteilen imstande sein.
Ein paar nicht eben unerhebliche Stellen, welche in der Jugendzeitung, wenn auch unter Zustimmung des Verfassers, so doch nach dessen Überzeugung ohne zureichenden Grund, unterdrückt wurden, sind in dem vorstehenden Abdruck wiederhergestellt[9].

Die Quellen

Es gibt keine Dokumente, die einen Besuch des jugendlichen Theodor Storm in einem Marionettentheater belegen; allerdings zogen solche Bühnen während der ersten Hälfte des 19. Jahrhunderts auch im Herzogtum Schleswig durch Städte und über Land, so daß solche Besuche zumindest wahrscheinlich sind. Ohne eigene Erlebnisse dürfte Storm die anschauliche Wiedergabe der Atmosphäre beim Puppenspiel auch nicht in dem Maße geglückt sein, wie wir es in der Novelle nachlesen können. Auch war er über die Mechanik der Marionetten und die Technik ihrer Führung erstaunlich gut informiert. Gertrud Storm berichtet über die Theaterbegeisterung ihres Vaters (vergl. den Abschnitt „Die Puppenspiele in der Novelle", S. 100), die wir ebenfalls als Hinweis auf eine Vertrautheit Storms mit dem Puppenspiel deuten können.

Abb. 2. Blick hinter ein Marionettentheater. Lithographie 1829. Abb. in Kölner Geschichtsjournal 1.1976, S. 10.

Storm selbst schreibt im September 1843 an Theodor Mommsen:

Heut ist Jahrmarktsonntag; das hat in einer kleinen Stadt immer einen eignen Reitz. Reimers Pulicianellokasten macht die besten Geschäfte und regalirt [beschenkt, G. E.] beständig sein Publicum mit Localwitzen.

Dieser Policinellkasten war eine mobile Handpuppenbühne, mit der die Puppenspieler vor allem auf Jahrmärk-

ten auftraten und ihre Zuschauer mit derben Prügelstücken voller lokaler Anspielungen erheiterten.
Die Schilderung einer Marionettenaufführung finden wir in dem von Hermann Biernatzki herausgegebenen „Volksbuch auf das Jahr 1849" in einer Anekdote mit dem Titel „Die Dorfcomödie"; Storm, der zu dieser Zeit enger Mitarbeiter der Gebrüder Biernatzki war und eine Fülle von Gedichten, Anekdoten, Sagen und Erzählungen zu den Volksbüchern beigetragen hat, kannte auch diese Erzählung, vielleicht hat er sie selber nach Berichten anderer niedergeschrieben[10].
Zunächst wird das Verhalten der bäuerlichen Zuschauer bei einer Gedichtrezitation beschrieben; weiter heißt es dort:

Nach ein paar Wochen gehen sie Alle wieder hin, es ist zum allerletzten Male und die „große Christenverfolgung" soll gegeben werden. Wieder derselbe Spectakel vor der Thür; in die Bettlaken haben die Jungens Löcher geschnitten, durch die sie hindurch sehen, trotz Bettelvogt und Schauspieldirector. Hans, Chrischan und Peter, Liese, Grethe, Alle sind wieder da und die ganze drollige Ouvertüre von neulich wird wieder zum Besten gegeben. Diesmal aber erscheint hinter dem Vorhange kein stattlicher Herr, sondern der hölzerne Feldhauptmann des Kaisers Diocletian. In langem rothen Talar, mit Goldpapier beklebt, rauscht und klappert er daher. Darauf kommt der Statthalter mit seiner Tochter, die heimlich Christen sind. Auch präsentirt sich ein ehrlicher „Püttjergesell" auf seiner Wanderschaft, der Casperle des Dorftheaters. Alles ist aus gutem Holz und hängt an festem Tau. Die Seele aber in all diesem Holz, welche es zugeschnitten hat und nun belebt, welche die Gedanken und Empfindungen der Figuren laut werden läßt, ist ein Genie aus Tellingstedt, das insbesondere den „Püttjer" in kernigem Dithmarscher Dialect reden läßt, in welchem derselbe ganz entsetzlich donnert und wettert, was Effect macht. Nun fangen die Puppen an einander zu verfolgen, das Blut fließt wie Wasser, und obgleich der hölzerne Feldhauptmann die hölzerne Statthaltertochter bis zum Sterben liebt, kann er sie doch nicht retten. Sie soll enthauptet werden, feierlich wird das Todesurtheil ausgesprochen und der „Püttjer" ist zum Generalhenkersmeister ausersehen. Als dieser die schmachtende Dame ansieht, der er den Kopf abschlagen soll, klappert er ängstlich hin und her, man sieht es ihm an, daß er nicht gern dran will. Aber er muß, es bringt ihm was ein – endlich haut er zu und klapp! trifft er den hölzernen Kopf, der auf die Diele hinrollt. Die ganze Zuschauergesellschaft sitzt unterdeß in athemlosen Stillschweigen

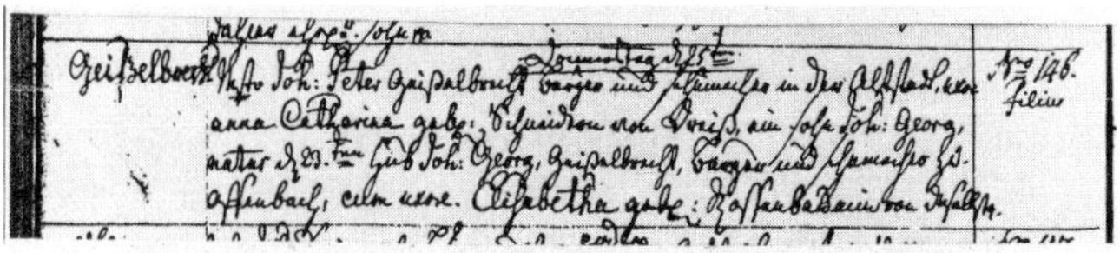

Abb. 3. Geburtsnachweis Georg Geisselbrechts aus Hanau 1776.

da, selbst der Peter ist ganz verstummt, und als der Kopf ab ist, hört man in der Damenwelt langgedehnte Seufzer und einige stämmige Bursche dahinter flüstern einander zu: „Dat güng mi rein dör un dör!" Kurz man ist auch wieder sehr sentimental, wenn's seyn muß. Man soll manche Leute nur als Pedal behandeln, d. h. mit Füßen treten, dann kommen die rechten Empfindungen schon heraus, selbst bei einer Dorfcomödie mit Gliederpuppen!

Bei der Durchsicht älterer Jahrgänge des „Husumer Wochenblatts" muß Storm auch auf den Namen „Geisselbrecht" gestoßen sein, der uns in der Novelle als Schwiegervater von Tendler begegnet und der als „berühmter" Puppenspieler vorgestellt wird. Der 1762 in Hanau geborene Johann Georg Geisselbrecht war in der Tat ein berühmter Marionettenspieler, der sich auch als Darsteller von „Ombres Chinoises", das sind Schattenspiele, einen Namen gemacht hatte. 1817, im Geburtsjahr Storms, reiste er durch die Herzogtümer Schleswig und Holstein und gastierte auch in Husum. Vom 27. April bis 15. Juni zeugen sieben Anzeigen in der „Beilage zum königlich privilegirten Wochenblatt"[11] von seinen Aktivitäten; unter anderen Stücken kündigte er auch „Doctor Faust, eine Zauberkomödie in 5 Aufzügen" an.
Biographische Einzelheiten über den Mechanikus, nach dessen Vorbild Herr Tendler konzipiert wurde, und nähere Informationen über Geisselbrechts „Faust" fand Storm in der Ausgabe des Faust-Puppenspiels von Karl Simrock, das 1846 im Druck erschienen war (vergl. im Abschnitt „Die Puppenspiele in der Novelle", S. 100). Geisselbrecht galt als geschickter Mechanikus, der seine großen „reichgekleideten Kunstfiguren" nicht bloß überzeugend zu füh-

ren wußte, sondern sie auch mit allerlei technischer Raffinesse auszustatten verstand.

Storm hat also auch bei den Arbeiten an „Pole Poppenspäler“ Erlebnisse aus seiner Kindheit und Jugend mit dem Material verknüpft, das er bei seinen sorgfältigen Recherchen zu seiner Novelle 1873/74 zutage förderte und für seine Zwecke auswertete. Zu den Erinnerungen und Dokumenten kamen Lesefrüchte hinzu, die aus seiner weitgreifenden Lektüre von älterer und zeitgenössischer Literatur stammten. Schon früher hat man auf die Übereinstimmung von Motiven und der Erzählhaltung mit Bernardin de Saint-Pierres Idylle „Paul et Virginie“ hingewiesen[12], in der der Franzose 1788 ein Liebesverhältnis zweier Kinder beschreibt, das tragisch endet und in manchen Zügen dem Verhältnis von Lisei und Paul ähnelt. Ein solcher Einfluß bei der Gestaltung der Liebe zu ganz jungen Mädchen ist auch deshalb wahrscheinlich, weil Storm Illustrationen zu „Paul et Virginie“ im Hause seines Onkels, des Kaufmanns Ingwer Woldsen, kennengelernt hatte. Sie befinden sich heute im Husumer Storm-Museum in der Wasserreihe.

Ein direkt nachweisbarer Einfluß auf die Novelle findet sich in der Erzählung „Puppenspiel im Dorfkruge“ von Bogumil Goltz, 1847 in einer Sammlung erbaulicher und lehrhafter Geschichten veröffentlicht. Der Ich-Erzähler berichtet über seine Gefühle vor dem Besuch eines Handpuppenspiels um 1810; Ähnlichkeiten mit Pauls Seelenleben vor der Genoveva-Aufführung sind unverkennbar:

> Der Erlaubniß meines Pflegevaters durfte ich mich gewiß halten; aber er war in Disputationen mit seinem Herrn Amtsbruder, was mir jetzt erst auf's Herz fiel, da ich nicht begreifen konnte, wie man so kurz vor der verkündeten Komödie im Kruge und ein paar Häuser von diesem entfernt, von etwas Anderem verhandeln und überhaupt sonst Etwas wollen könne, als eben dieses Puppenspiel vom verlorenen Prinzen zu sehen[13].

Einige Anregungen zur Gestaltung der Novelle entnahm Storm dem in der zweiten Hälfte des vorigen Jahrhunderts vielgelesenen Roman „Die Vagabunden“ von Karl von Hol-

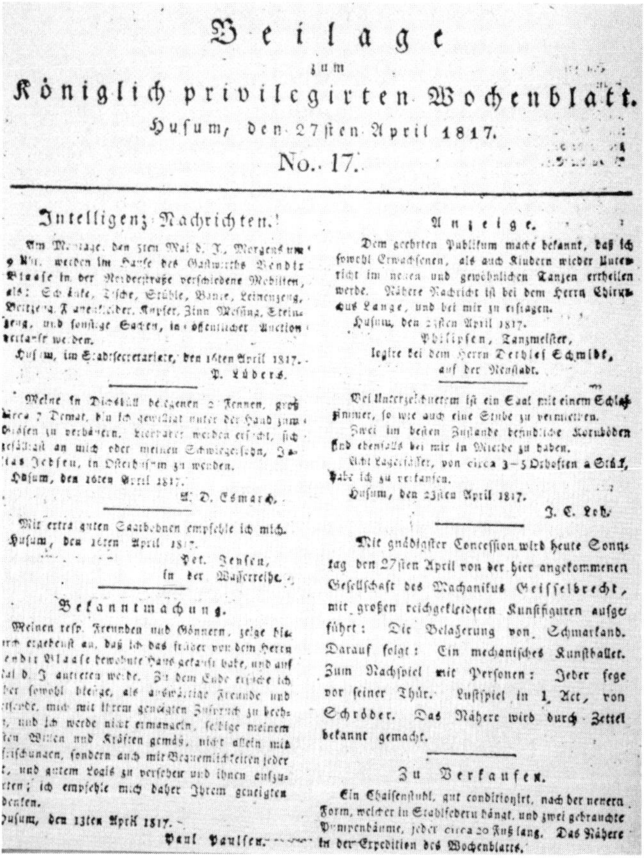

Beilage
zum
Königlich privilegirten Wochenblatt.
Husum, den 27sten April 1817.
No. 17.

Intelligenz-Nachrichten.

Am Montage, den 5ten Mai d. J., Morgens um 9 Uhr, werden im Hause des Gastwirths Bendix Klaase in der Norderstraße verschiedene Mobilien, als: Schränke, Tische, Stühle, Bänke, Leinenzeug, Bettzeug, Frauenkleider, Kupfer, Zinn, Messing, Steinzeug, und sonstige Sachen, in öffentlicher Auction verkauft werden.

Husum, im Stadtsecretariate, den 16ten April 1817.

P. Lüders.

Meine in Dockkoog belegenen 2 Fennen, groß circa 7 Demat, bin ich gewilligt unter der Hand zum Grasen zu verhäuern. Liebhaber werden ersucht, sich gefälligst an mich oder meinen Schwiegersohn, Jacias Jebsen, in Osterhusum zu wenden.

Husum, den 16ten April 1817.

A. D. Esmarch.

Mit extra guten Saatbohnen empfehle ich mich.

Husum, den 16ten April 1817.

Pet. Jensen,
in der Wasserreihe.

Bekanntmachung.

Meinen resp. Freunden und Gönnern, zeige hiedurch ergebenst an, daß ich das früher von dem Herrn Bendix Klaase bewohnte Haus gekauft habe, und auf Mai d. J. antreten werde. Zu dem Ende ersuche ich hier sowohl hiesige, als auswärtige Freunde und Reisende, mich mit ihrem geneigten Zuspruch zu beehren, und ich werde nicht ermangeln, selbige meinem besten Willen und Kräften gemäß, nicht allein mit Erfrischungen, sondern auch mit Bequemlichkeiten jeder Art, und gutem Logis zu versehen und ihnen aufzuwarten; ich empfehle mich daher Ihrem geneigten Andenken.

Husum, den 13ten April 1817.

Paul Paulsen.

Anzeige.

Dem geehrten Publikum mache bekannt, daß ich sowohl Erwachsenen, als auch Kindern wieder Unterricht im neuen und gewöhnlichen Tanzen ertheilen werde. Nähere Nachricht ist bei dem Herrn Chirurgus Lange, und bei mir zu erfragen.

Husum, den 23sten April 1817.

Philipsen, Tanzmeister,
logire bei dem Herrn Dethlef Schmidt,
auf der Neustadt.

Bei Unterzeichnetem ist ein Saal mit einem Schlafzimmer, so wie auch eine Stube zu vermiethen.

Zwei im besten Zustande befindliche Kornböden sind ebenfalls bei mir in Miethe zu haben.

Acht Lagerfässer, von circa 3–5 Oxhoften à Stück, habe ich zu verkaufen.

Husum, den 23sten April 1817.

J. C. Loh.

Mit gnädigster Concession wird heute Sonntag den 27sten April von der hier angekommenen Gesellschaft des Mechanikus Geisselbrecht, mit großen reichgekleideten Kunstfiguren aufgeführt: Die Belagerung von Schmarkand. Darauf folgt: Ein mechanisches Kunstballet. Zum Nachspiel mit Personen: Jeder fege vor seiner Thür. Lustspiel in 1 Act, von Schröder. Das Nähere wird durch Zettel bekannt gemacht.

Zu Verkaufen.

Ein Chaisenstuhl, gut conditionirt, nach der neuern Form, welcher in Stahlfedern hängt, und zwei gebrauchte Pumpenbäume, jeder circa 20 Fuß lang. Das Nähere in der Expedition des Wochenblatts.

Abb. 4. Anzeige des Mechanikus Geisselbrecht Husum 1817. In: Beilage zum Königlich privilegirten Wochenblatt vom 4. 5. 1817.

tei (1798–1880). Dieser dreibändige Bildungsroman erschien erstmals 1852 in Breslau und erreichte 1895 die 8. Auflage[14].

Holtei erzählt von den Erlebnissen seines Helden Anton, der als junger Mann schon eine „Genovefa"-Aufführung durch umherziehende Dorfkomödianten erlebt. Holtei

schildert den Einzug der Zigeuner in das kleine Dorf und ihre ärmliche Wirtschaft. Bald wird auch schon das Stück angekündigt: „das Leben und unschuldige Leiden der Prinzessin Genovefa“ (S. 50). Allerdings handelt es sich nicht um Puppenspieler, sondern um fahrende Schauspieler, die in der Tradition des 17. Jahrhunderts ihre Volksstücke der staunenden Landbevölkerung zum Besten geben. Die Ärmlichkeit ihres Einzuges in das Dorf und die Beschreibung ihrer Wirtschaft erinnert in manchen Zügen an Storms Darstellung der Familie Tendler.
Nach einer Episode bei Zirkusleuten erlebt Anton bei einem gewissen Dreher[15] das Puppenspielerhandwerk. In den entsprechenden Kapitel des dritten Bandes der „Vagabunden“ werden unter anderen die Puppenspiele „Faust“, „Genovefa, Pfalzgräfin in Trier“ und „Der verlorene Sohn“ erwähnt. Bei Storm berichtet die herangewachsene Lisei über das Leben nach dem Tode der Mutter:

> dann, das frische Grab hinter sich lassend, waren Vater und Tochter wiederum in's Land gefahren und hatten, wie vorhin, ihre Stücke abgespielt, den verlorenen Sohn, die heilige Genovefa und wie sie sonst noch heißen mochten.

Eine weitere Parallele findet sich in der Beschreibung eines Traumes, den Anton am ersten Abend bei dem Puppenspieler hat:

> Ihn zog das Puppenspiel mit seinen poetisch räthselhaften, wie kindisch albernen Mysterien mächtig an; ihm war zu Sinne, […] als wären die kleinen, an Dräthen schwebenden Zerrgebilde lebendige Geschöpfe, die ihm entgegenriefen: komm', Bruder, spiele mit uns, wir sind deine Geschwister; […]. (Holtei, Bd. 3, S. 24)

Bei Storm erscheint Kasperl dem jugendlichen Paul ebenfalls im Traum und ruft: „Ach, du lieb's Kerle! Ach, du herztausig's liebs Brüderl!“ Auch die komplizierte Mechanik, durch die sich die Puppen und besonders der Kasperl des Herrn Tendler auszeichnen, ist bei Holtei vorgeprägt. Dort wird das Puppentheater ebenfalls vernichtet, zuletzt zerstört Dreher den Kasperle.

Und diese künstlich ineinander gefügten Glieder nun, deren lustige Schwenkungen so häufig jubelnden Beifall erregt hatten; dies altkluge Zwergengesicht mit dem beweglichen Munde, den rollenden Augen; dieser ganze kleine Kerl sollte nun zerstört werden. (Holtei, Bd. 3, S. 67)

Wenngleich Holtei darauf verzichtet hat, das Szenarium und die Grundzüge der Handlung seiner „Genovefa" darzustellen, so gibt er dennoch einen weiteren Hinweis auf die mögliche Quelle, aus der Storm den Anfang des von ihm geschilderten Stücks „Pfalzgraf Siegfried und die heilige Genovefa, Puppenspiel mit Gesang in vier Aufzügen" geschöpft haben könnte. Am Schluß seines Romans läßt er nämlich seinen Helden Anton die Schauspiele „Judith" und „Genovefa" von Friedrich Hebbel miteinander vergleichen, um ihre Bedeutung für seinen Lebensweg hervorzuheben. Hebbels „Genovefa. Tragödie in fünf Akten" (erstmals 1843 erschienen) kommt aber als einzige dramatische Gestaltung des Stoffes als Quelle Storms in Betracht (vergl. das Kapitel über die Puppenspiele weiter unten).
Eine weitere Anregung entnahm Storm aus Gottfried Kellers Roman „Der grüne Heinrich", der 1853/54 in der ersten Fassung erschien[16]. Storm hat diesen Roman sehr geschätzt und ihn in einem Brief an seinen Jugendfreund Hartmuth Brinkmann und dessen Frau vom 24. März 1857 als „empfehlenswerte Lektüre" bezeichnet. Keller arbeitete den Roman seit 1878 um, und Storm nahm großen Anteil daran, wie der Briefwechsel zwischen beiden belegt.
Im 7. Kapitel des 1. Buches (in der zweiten Fassung ist es das 11. Kapitel) erzählt Keller von einem frühen Theatererlebnis Heinrichs. Hier finden wir das Vorbild für die Szene, in der Lisei und Paul spät abends im leeren Theatersaal einschlafen.
Heinrich berichtet, wie er gemeinsam mit einer Gruppe von Knaben unverhofft Zutritt zu einer Schauspielergesellschaft erhält, die einen Tanzsaal im Gasthause der Stadt in ein improvisiertes Theater umfunktioniert hat. Hier muß er in einer Aufführung von Goethes „Faust" eine

Meerkatze spielen. Die gesprochenen Worte hinterlassen einen tiefen Eindruck auf den Knaben, so daß er nach der Vorstellung heimlich nach einem Textbuch hinter den Kulissen forscht. Über diese Suche schläft er ein.

Als ich wieder erwachte, war das Theater leer und still, die Lampen ausgelöscht, und der Vollmond goß sein Licht zwischen den Kulissen über die seltsame Unordnung herein. Ich wußte nicht, wie mir geschah noch wo ich mich befand; doch als ich meine Lage erkannte, ward ich voll Furcht und suchte einen Ausgang, fand aber die Türen verschlossen, durch welche ich hereingekommen war. Nun schickte ich mich in das Geschehene und begann von neuem alle Seltsamkeiten dieser Räume zu untersuchen. Ich betastete die raschelnden, papiernen Herrlichkeiten und legte das Mäntelchen und den Degen des Mephistopheles, welche auf einem Stuhle lagen, über meinen Meerkatzenhabit um. So spazierte ich in dem hellen Mondscheine auf und nieder, zog den Degen und fing an zu gestikulieren. Dann entdeckte ich die Maschinerie des Vorhanges, und es gelang mir, denselben aufzuziehen. Da lag der Zuschauerraum dunkel und schwarz vor mir wie ein erblindetes Auge; ich stieg in das Orchester hinab, wo die Instrumente umherlagen und nur Violinen sorgfältig in Kästchen verschlossen waren. Auf den Pauken lagen die schlanken Hämmer, welche ich ergriff und zagend gegen das Fell schlug, daß es einen dumpf grollenden Ton gab. Jetzt wurde ich kühner und schlug stärker, bis es zuletzt wie ein Gewitter durch den leeren, mitternächtlichen Saal hallte. Ich ließ den Donner anschwellen und wieder abnehmen und wenn er verklang, so dünkten mich die unheimlichen Pausen noch schöner als das Geräusch selbst. Endlich erschrak ich über meinem Tun, warf die Schlegel hin und getraute mir kaum über die Bänke des Parterre hinwegzusteigen und mich zuhinterst an der Wand hinzusetzen. Ich fror und wünschte zu Hause zu sein, auch war es mir bange in meiner Einsamkeit. Die Fenster in diesem Teile des Saales waren dicht verschlossen, so daß nur die Bühne, welche immer noch den Kerker vorstellte, durch das Mondlicht magisch beleuchtet war. Im Hintergrunde stand das Pförtchen noch offen, wo Gretchen gelegen hatte, ein bleicher Strahl fiel auf das Strohlager; ich dachte an das schöne Gretchen, welches nun hingerichtet sein werde, und der stille, mondhelle Kerker kam mir zauberhafter und heiliger vor als dem Faust einst Gretchens Kammer. Ich stützte meinen Kopf auf beide Hände und sah mit sehnenden Blicken hinüber, besonders in die vom Lichte halb bestreifte Vertiefung, wo das Stroh lag. Da regte es sich im Dunkel, atemlos sah ich hin, und jetzt stand eine weiße Gestalt in jenem Winkel; es war Gretchen, wie ich sie zuletzt gesehen hatte. Mich schauerte es vom Wirbel bis zur Zehe, meine Zähne schlugen zusammen, während doch ein mächtiges Gefühl glücklicher Überraschung mich durchzuckte und erwärmte. Ja, es war Gretchen, es war ihr Geist, obgleich ich

Abb. 5. Puppenspiele. Kolorierter Kupferstich 1845. In: Berlin wie es ist und – trinkt. 9. Heft, Leipzig 1845.

in der Entfernung ihre Züge nicht unterscheiden konnte, was die Erscheinung noch geisterhafter machte. Sie schien mit dunklen Blicken in dem Raume umherzusuchen, ich richtete mich empor, es zog mich vorwärts wie mit gewaltigen, unsichtbaren Händen, und während mein Herz hörbar klopfte, schritt ich über die Bänke gegen das Proszenium hin, jeden Schritt einen Augenblick anhaltend.

Die Pelzumhüllung machte meine Füße unhörbar, so daß mich die Gestalt nicht bemerkte, bis ich, an dem Souffleurkasten hinaufklimmend, in meiner befremdlichen Tracht vom ersten Mondstrahle bestreift wurde. Ich sah, wie sie entsetzt ihr glühendes Auge auf mich richtete und, doch lautlos, zusammenfuhr. Einen leisen Schritt trat ich näher und hielt wieder ein; meine Augen waren weit geöffnet, ich hielt die Hände zitternd erhoben, indes ich, von einem frohen Feuer des Mutes durchströmt, auf das Phantom losging. Da rief es mit gebieterischer Stimme: „Halt! kleines Ding! was bist du?“ und streckte drohend den Arm gegen mich aus, daß ich fest an der Stelle gebannt blieb. Wir sahen uns unverwandt an; ich erkannte jetzt ihre Züge wohl, sie hatte ein weißes Nachtkleid umgeschlagen, Hals und Schultern waren entblößt und gaben einen milden Schein, wie nächtlicher Schnee. Ich witterte alsogleich das warme Leben, und der abenteuerliche Mut, den ich dem Gespenste gegenüber empfunden hatte, verwandelte sich in die natürliche Blödigkeit vor dem lebendigen Weibe. Sie hingegen war immer noch zweifelhaft über meine dämonische Erscheinung, und sie rief daher noch einmal: „Wer seid Ihr, kleiner Bursch?“ Kleinlaut antwortete ich: „Ich heiße Heinrich Lee und bin eine von den Meerkatzen; man hat mich hier eingeschlossen!“

Da trat sie auf mich zu, streifte meine Maske zurück, faßte mein Gesicht zwischen ihre Hände und rief, indem sie laut lachte: „Herr Gott! das ist die aufmerksame Meerkatze! Ei, du kleiner Schalk! bist du es, der den Lärm gemacht hat, als ob ein Gewitter im Hause wäre?“ – „Ja!“ sagte ich, indem meine Augen fortwährend auf dem weißen Raume ihrer Brust hafteten und mein Herz zum ersten Male wieder so andächtig erfreut war wie einst, wenn ich in das glänzende Feld des Abendrotes geschaut und den lieben Gott darin geahnt hatte. Dann betrachtete ich in vollkommener Ruhe ihr schönes Gesicht und gab mich unbefangen dem süßen Eindrucke ihres reizenden Mundes hin. Sie sah mich eine Weile still und ernsthaft an, dann sprach sie: „Mich dünkt, du bist ein guter Junge; doch wenn du einst groß geworden, wirst du ein Lümmel sein wie alle!“ Und hiemit schloß sie mich an sich und küßte mich mehrere Male auf meinen Mund, der nur dadurch leise bewegt wurde, daß ich heimlich, von ihren Küssen unterbrochen, ein herzliches Dankgebet an Gott richtete für das herrliche Abenteuer.

Hierauf sagte sie: „Es ist nun am besten, du bleibest bei mir, bis es Tag ist; denn Mitternacht ist längst vorüber!“ und sie nahm mich bei der Hand und führte mich durch einige Türen in ihr Zimmer, wo sie vorher schon geschlafen hatte und durch mein nächtliches Spuken geweckt worden war. Dort ordnete sie am Fußende ihres Bettes eine Stelle zurecht, und als ich darauf lag, hüllte sie sich dicht in einen sammetnen Königsmantel, legte sich der Länge nach auf das Bett und stützte ihre leichten Füße gegen meine Brust, daß mein Herz ganz vergnüglich unter denselben klopfte. Somit entschliefen wir und glichen in unserer Lage nicht übel jenen alten Grabmälern, auf welchen ein steinerner Ritter ausgestreckt liegt mit einem treuen Hunde zu Füßen.

Die Schauplätze

Der aufmerksame Leser kann an der Beschreibung der Stadt sofort erkennen, daß Storm seine Heimatstadt Husum zur Kulisse der Puppenspielernovelle gewählt hat. Pauls Elternhaus steht in der Süderstraße, allerdings handelt es sich nicht um ein wirklich nachweisbares Gebäude, vielmehr hat der Dichter in seiner literarischen Fantasie ein typisches Husumer Bürgerhaus geschaffen, dessen Umfeld, Bank und Linde, er leitmotivisch für die Novellenhandlung verwendet. Hier erzählt Paul seinem jugendlichen Zuhörer von seiner Kindheit, hier hatten schon Lisei und Paul als Kinder gesessen. Bank und Linde vor dem gutbürgerlichen Wohnhaus signalisieren Heimat, Geborgenheit und Schutz.

Anders ist es mit der „Schneiderherberge", die dem Puppenspieler Tendler und seiner Familie Obdach bietet. – In der Süderstraße, neben der sog. faulen Rinne, hielt Jürgen Franzen seit 1839 eine Herberge für die zünftigen Gesellen verschiedener Gewerbe, namentlich für die Schmiede- und Schneidergesellen. – Auch fahrendes Volk fand dort bereitwillig Aufnahme, wenn es sich nicht allzu ruppig anstellte und sich willig dem strengen Regiment des Herbergsvaters fügte[17].

Dieses Haus (früher Süderstraße 64) steht nicht mehr. Der Schützenhof allerdings, in der Süderstraße 42, ist erhalten geblieben. „Das Haus gehörte mit einem bis zur Lämmerfenne reichenden Schießstand der Husumer Schützengilde, einer 1586 vom Herzog gegründeten Institution. In dem Saale, der sich früher hinter den oberen Fenstern befand, ließ – nach Storm – der Mechanikus Tendler seine Puppen tanzen[18]."

Der letzte Auftritt von Tendlers Marionettentheater findet im Saal des Rathauses statt, Storm denkt dabei an das historische Rathaus seiner Vaterstadt, das tatsächlich Schauplatz der Auftritte Geisselbrechts im Jahre 1817 gewesen ist.

Auch der Schauplatz des zweiten Teils der Novelle läßt sich leicht lokalisieren. Nach Storm beendet der Geselle Paul Paulsen seine Wanderschaft „in einer mitteldeutschen Stadt". Als er im Januar bei großer Kälte auf das gegenüberliegende Gefangenenhaus blickt, sieht er eine junge Frau, in der er später Lisei wiedererkennt. Unschwer läßt sich in diesem Haus das Gefängnis von Heiligenstadt in Thüringen erkennen, wo Storm mit seiner Familie von 1856 bis 1864 in der Wilhelmstraße direkt gegenüber wohnte. Hier hat auch ein Ereignis stattgefunden, das auf die Novelle einwirkte und von dem Storm in einem Brief an seine Eltern Johann Kasimir und Lucie Storm am 8. 2. 1864 berichtete[19]:

Vor etwa vier Wochen, da wir die starke Kälte hatten, nachmittags, hörten wir das laute Weinen eines Kindes auf der Straße; und aus dem Fenster blickend, sahen wir, wie drüben im Gefangenhaus der Inspektor ein junges Zigeunerweib mit zwei Kindern mit der Hundepeitsche auf die Straße trieb. Ihr Mann war wegen Diebstahlsverdacht (er wurde wenige Tage später freigegeben) eingezogen; und sie wollte nun mit Gewalt mit eingesperrt werden. Frierend und weinend irrte sie nun auf der Straße herum, der größere Knabe schrie laut nach seinem Vater; die Dämmerung brach schon an, und draußen fror es 17 Grad. Die armen Menschen waren ohne Obdach, keine Seele erbarmte sich des Zigeunergesindels. Da haben wir, wie es sich für des Dichters Familie ziemte, die fahrende Heidin mit ihren Kindern an unsern Tisch gesetzt und sie mit heißem Kaffee und Semmeln erquickt. Aber dem schwarzhaarigen jungen Weibe wollte es nicht schmecken; sie dachte nur, wie „der da drüben" sich um sie quälen werde. Daß Lucie und den andern Kindern das zigeunerische Reden und der kleine lustige Junge, der sich aus dem Bündel auf ihrem Rücken loslöste, viel Spaß machte, könnt Ihr Euch wohl denken. – Als nun aber die Leute satt und warm waren, da hatten wir noch nicht viel gewonnen. Nun aber trat Hans in Tätigkeit. Er ging mit ihnen in die kleinen Herbergen, zankte sich mit den Wirten; und da keiner sie aufnehmen wollte, ging er aufs Rathaus und dann zum Bürgermeister, und endlich hat er sie nach dessen Anweisung persönlich im hiesigen Armenhause untergebracht. Die Frau war schon so mutlos, daß sie sich mit ihren Kindern im Freien vor dem Stadttor niederlegen wollte.

Die Puppenspiele in der Novelle

Der jugendliche Paul Paulsen in Storms Novelle „Pole Poppenspäler“ wird durch den Besuch des Marionettentheaters, das der Mechanikus Joseph Tendler in der Stadt an der Nordsee eröffnet hat, aus seinem Alltag herausgerissen; die Wirkung, die das Puppenspiel auf ihn hat, entspricht der Faszination, der auch Theodor Storm als Kind erlag. In ihren 1922 veröffentlichten Erinnerungen läßt Gertrud Storm ihren Vater aus seiner Jugendzeit berichten, wie er mit Freunden zuerst ein Papiertheater einrichtete und dann mit Stoffpuppen zu spielen versuchte[20].

„Einen großen Zeitraum von mehreren Jahren habe ich meine ganze Freiheit außer der Schule mit der Direktion meines Puppentheaters ausgefüllt; zwei Schulkameraden, Krebs und Olhuus, waren dabei meine Gehilfen. Eine alte Jungfrau, bei der Olhuus wohnte, half uns die Puppen, die freilich nur von Papier waren, ausschneiden und eiserne Drähte daran befestigen. Sie ließ in den Aufführungen den Papageno tanzen und sang dazu mit einer schönen Fistelstimme: „Der Vogelfänger bin ich, ha, hops heisa lustig, hopsasa!“, was mir die ungemischteste Freude machte.
Das erste Stück, das wir aufführten, war aus einer Gedichtsammlung eines gewissen Petzel aus Tönning und stellte die Geburtstagsfeier eines Grafen Rantzau vor. Obgleich die Puppen steif waren, so erntete doch eine jugendliche Figur, welche die junge Gräfin Sophie vorstellte, besonderen Beifall. Ich erinnere mich, daß sie mir besonders lieblich vorkam, so daß ich beinah eine Art phantastischer Neigung für sie bekam. Meine verstorbene Schwester Lucie, die ich von allen Geschwistern am meisten liebte, sprach nach dieser Vorstellung auch öfters von der „niedlichen Gräfin Sophie“.
Mit Totstechen, wie der Wilhelm Meister, haben wir nie etwas zu tun gehabt, dagegen gelang uns Donner und Blitz vorzüglich mit Kupferplatten und Hexenpulver. Aber, o weh, als ein papierner, bunter Regenbogen

ganz zierlich an einem Zwirnsfaden herabgelassen wurde, krellte sich der Zwirn und der Regenbogen zeigte die weiße Kehrseite.

Zwar verloren sich die Knaben, wie es ähnlich Goethe von Wilhelm Meister erzählt, in den Vorbereitungen und kamen nicht zum eigentlichen Spiel vor Publikum, doch dies innige Verhältnis zum Puppenspiel hielt ein Leben lang an und hat dem Dichter bei der anschaulichen Gestaltung der Theaterszenen seiner Novelle geholfen.
Storm erwähnt vier Marionetten-Stücke; das bekannteste davon ist der „Doktor Faust", über dessen Quelle Karl Ernst Laage ausführlich berichtet hat[21]. Danach entnahm Storm die in der Novelle beschriebenen Szenen dem Faust-Puppenspiel Karl Simrocks, das 1846 erschienen war und von dem Storm ein Exemplar besaß. Bei Simrocks Fassung handelt es sich um eine Bearbeitung, die der Literaturwissenschaftler nach älteren Quellen des dramatisierten Faust-stoffs gedichtet hat[22]. Das Faust-Puppenspiel gehörte zu den bekanntesten Stoffen auf der Marionettenbühne und zählte bei allen reisenden Bühnen zum unverzichtbaren Standardrepertoire. Es ist im 17. und 18. Jahrhundert als Ableger einer dramatisierten Fassung der alten Faust-Sage von den Wanderbühnen zu den Puppenspielern gekommen und hat nur dort den Niedergang des Wanderschauspieler-Gewerbes überlebt.
Der folgende Monolog des Kasperle aus Simrocks Puppenspiel zeigt im Vergleich, wie eng sich Storm bei der Gestaltung der Dialoge des „Doktor Faust" an den Text angelehnt hat.

Casperle
(tritt auf mit einem Felleisen.)
Wenn mich jetzt mein Vater Papa sehen thät, der würd sich gewiß was Rechts freuen. Denn er pflegt' immer zu sagen: Casperle, mach, daß du dein Sach in Schwung kriegst. O jetzund hab ich mein Sach in Schwung, denn ich kann mein Sach haushoch werfen *(wirft sein Felleisen in die Höhe)*. Ha! jetzund bin ich auf zehn Jahr versorgt, wenn ich gleich in zwanzig nix brauch. Zu allererst *(mit stolzer Miene das Felleisen öffnend)* hab ich in meinem Ranzen einen funkelnagelneuen Rock; der Überzug

und das Futter – hehe! liegt aber noch beim Kaufmann im Laden; ich darf aber nur das Geld hinschicken, so krieg ich das Zeug, das Futter, die Knöpfe, alles gleich vom Stück abgeschnitten. Dann hab ich noch ein Paar Stiefeln – die Schäfte und die Sohlen liegen aber noch beim Schuster. Aber Spaß beseit: es ist doch eine verzweifelte Sach, wenn man ein vacierender Gesell ist und keinen Herrn finden kann. Da lauf ich nun schon eine halbe Ewigkeit herum und kann keinen Dienst kriegen, und wenns so fort geht, behalt ich keine heile Sohl an meinen Füßen und Hunger hab ich dabei, ich wollt alle Berge wegeßen und wenns lauter Pasteten wären, und das ganze mittelländische Meer wollt ich aussaufen und wenns lauter Champagner wär. Aber Potz Blitz Mordbataillon! Hier soll ja ein Wirthshaus sein und ich sehe doch keinen Krug, kein Glas, keinen Wein, kein Bier und auch keinen Kellner. Muß doch einmal Lärm machen. Heida, Kellner, Hausmeister, Kammerdiener, Hausknecht, Kammerjungfer, Wirthschaft! Heda, ein fremder Prassagier ist angekommen.
(Dritter Auftritt.)

Die weitere Handlung knüpft an die Faustsage des angehenden 16. Jahrhunderts an, die vom „Faustbuch“ über den englischen Dramatiker und Shakespeare-Zeitgenossen Christopher Marlowe auf die Bühnen der Wanderschauspieler gelangt ist. Auch Goethe hat den Stoff für seine Faust-Dichtung auf dem Marionettentheater gefunden. Die erste Vorstellung, die Paul in Tendlers Marionettentheater ansehen darf, „Pfalzgraf Siegfried und die heilige Genoveva, Puppenspiel mit Gesang in vier Aufzügen“, beeindruckt den kleinen Paul besonders. Als Erwachsener erinnert sich Paul lebhaft an die ersten Szenen des ersten Aufzuges und endet die Schilderung mit dem Hinweis an die Adresse des jugendlichen Rahmenerzählers: „Und nun spielte das Stück sich weiter, wie es in deinem Lesebuch gedruckt steht.“
Aus dem zweiten Akt erfährt der Leser nur, daß dort Kasperl im gelben Nankinganzug auf die Bühne springt und „Pardauz“ schreit und „Hier nix und da nix! Kriegst du nix, so hast du nix!“.
Der Genovefa-Stoff entwickelte sich aus einer Legende, die aller Wahrscheinlichkeit nach von einem Mönch um das Jahr 1300 im Kloster Maria-Laach in der Eifel verfaßt worden ist[23]. Dieser Stoff erlangte als „Volksbuch“ eine

Mit Obrigkeitlicher Bewilligung

Heute wird

von der hier anwesenden Gesellschaft des Mechanikus

Geisselbrecht

mit großen reichgekleideten Kunstfiguren aufgeführt:

Fausts Leben, Thaten u. Höllenfahrt.

Eine Zauber-Komödie in 5 Aufzügen, mit Verwandlungen und Erscheinungen.

Personen:

Johannes Faust, Doktor und Professor in Wittenberg.
Christoph Wagner, sein Famulus.
Eine Herzogin aus Parma,
Eine Schleußerin. Ein Hausknecht. Casper.
Furien: Mephistopheles. — Auerhahn. — Aulium et Jugulorum. — Vitzlepuzle. — Strohsack. — Asmodeus.

Casper stellt vor: 1) einen vazirenden Bedienten. 2) einen angenommenen Diener beim Doktor Faust. 3) einen komischen Teufelsbeschwörer. 4) einen Reiter auf einem feuerspeienden Drachen. 5) einen Nachtwächter.

Verwandlungen: 1) verwandeln sich die Mobel in Fausts Zimer. 2 verwandelt sich Mephistopheles in einen Bären dann in einen Löwen, und wieder in ein schönes Mädchen. 3) zeigt Faust verschiedene Verwandlungen. 4) ein schönes Mädchen verwandelt sich in eine Schlange.

Hierauf folgt:

Ballet und Ombres Chinoises.

Der Schauplatz ist bekannt.

Preise der Plätze:

Erster Platz 6 Gr. Zweiter Platz 4 Gr. Dritter Platz 2 Gr.

Die Kasse wird um 6 Uhr geöffnet. Anfang 7 Uhr.

Abb. 6. Theaterzettel „Doktor Faust" von Geisselbrechts Bühne. Güstrow 1814.

große Verbreitung[24]; bis zur Mitte des 18. Jahrhunderts entstanden in Deutschland zahlreiche Genovefa-Dramen, und bis 1750 sind fast dreißig Aufführungen belegt. Auch als Haupt- und Staatsaktion erfreute sich der Stoff größter Beliebtheit bei den Wanderschauspielertruppen, die im 17. und 18. Jahrhundert von Stadt zu Stadt zogen. Von dort ist das Stück schließlich auf das Marionettentheater gelangt, wo es neben dem „Doktor Faust“ bald zum Zugstück wurde.

Da bis zum Erscheinen von Storms Novelle kein gedrucktes Puppenspiel vorlag, muß er aus einer anderen Quelle geschöpft haben[25]. Nach 1800 erschienen Genovefa-Dramen von Ludwig Tieck (1799)[26], Maler Müller (1811)[27] und (neben vier weiteren Dramen unbedeutender Verfasser) im Jahre 1853 Friedrich Hebbels „Genovefa. Tragödie in fünf Akten“[28].

Sämtliche späteren Bearbeitungen des Stoffs kommen als Quellen nicht in Betracht, weil sie erst nach Fertigstellung der Novelle durch Storm veröffentlicht wurden.

Der damals weit verbreitete Roman „Die Vagabunden“ von Karl von Holtei (vergl. dazu das Kapitel „Die Quellen“), enthält mehrere Szenen, die Storm wahrscheinlich als Anregung zur Gestaltung seines „Pole Poppenspäler“ benutzte; dort wird auch ein Genovefa-Puppenspiel erwähnt. Am Schluß des dritten Teils des Romans wird dann auf Hebbels Drama „Genoveva“ (1841) direkt Bezug genommen. In Holteis Roman und Hebbels Drama finden wir die Vorlagen, nach denen Storm seine Darstellung des ersten Aufzugs der Marionettenaufführung Tendlers gebildet hat.

Storm entwarf die Szenen nach seiner eigenen Fantasie und hielt sich nicht so streng an die Vorlage, wie er das beim Puppenspiel vom Doktor Faust getan hat. Das war auch kaum möglich, weil er ein Drama auf die Marionetten-Bühne zu übertragen hatte. Dennoch lassen sich Parallelen zu Hebbels Tragödie finden, die ziemlich gewiß auf eine Verwendung oder zumindest auf die genaue Kenntnis des ersten Aktes schließen lassen. Die Beschreibung der Szene in der Burg, die Paul als erste zu sehen bekommt, entspricht bis in die Details den Regieanweisungen bei Hebbel[29]; auch Siegfrieds Ritt gegen die „Mohren“ und die Charakterisierung Golos als „Zu jung zum Bruder und zu alt zum Sohn“ wurden von Storm verwendet. In der Novelle heißt es vom

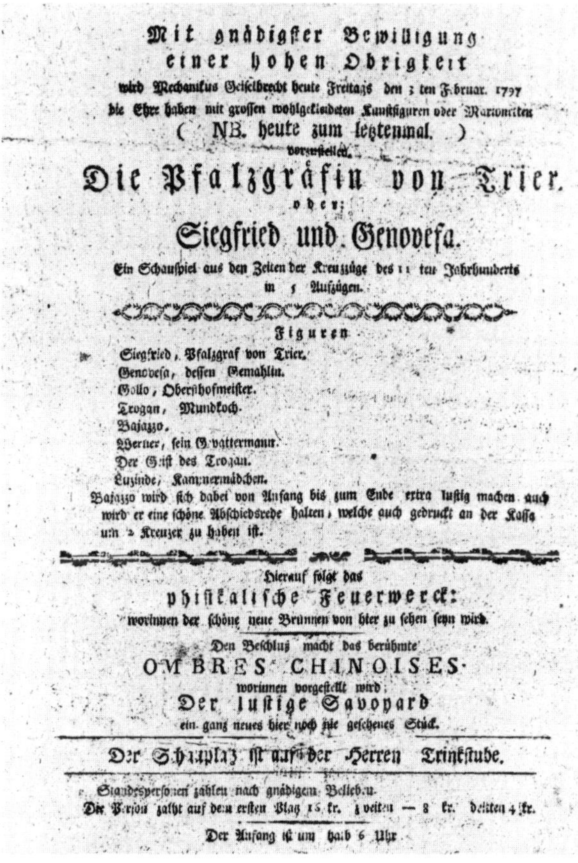
Mit gnädigster Bewilligung
einer hohen Obrigkeit
wird Mechanikus Geiselbrecht heute Freitags den 3 ten Februar. 1797
die Ehre haben mit grossen wohlgekleideten Kunstfiguren oder Marionetten
(NB. heute zum leztenmal.)
vorzustellen.
Die Pfalzgräfin von Trier.
oder:
Siegfried und Genovefa.
Ein Schauspiel aus den Zeiten der Kreuzzüge des 11 ten Jahrhunderts
in 5 Aufzügen.

Figuren.
Siegfried, Pfalzgraf von Trier.
Genovefa, dessen Gemahlin.
Gollo, Oberhofmeister.
Trogan, Mundkoch.
Bajazzo.
Werner, sein Gevattermann.
Der Geist des Trogan.
Luzinde, Kammermädchen.
Bajazzo wird sich dabei von Anfang bis zum Ende extra lustig machen, auch wird er eine schöne Abschiedsrede halten, welche auch gedruckt an der Kassa um 2 Kreuzer zu haben ist.

Hierauf folgt das
phisikalische Feuerwerck:
worinnen der schöne neue Brunnen von hier zu sehen seyn wird.
Den Beschluß macht das berühmte
OMBRES CHINOISES.
worinnen vorgestellt wird:
Der lustige Savoyard
ein ganz neues hier noch nie gesehenes Stück.
Der Schauplaz ist auf der Herren Trinkstube.
Standespersonen zahlen nach gnädigem Belieben.
Die Person zahlt auf dem ersten Plaz 15 kr. zweiten — 8 kr. dritten 4 kr.
Der Anfang ist um halb 6 Uhr.

Abb. 7. Theaterzettel „Genoveva“ von Geisselbrechts Bühne. Nürnberg, 2. Februar 1797.

Pfalzgrafen Siegfried: „er wollte gegen die heidnischen Mohren in den Krieg reiten und befahl seinem jungen Hausmeister Golo […] in der Burg zurückzubleiben.“ Schließlich haben auch die Trompetentöne, die Paul beim Abzug der Puppen-Ritter hört, ihre Quelle in Regieanweisungen der Abschiedszene bei Hebbel[30].

Nur die beiden Marionettenstücke „Genovefa“ und „Faust“ werden von Storm genauer beschrieben; er hat damit die Hauptstücke der fahrenden Marionettenbühnen des 19. Jahrhunderts ausgewählt, die an allen Spielorten regelmäßig zur Aufführung kamen. Ohne daß er von dem Mechanikus Geisselbrecht (1762–1826?) nähere Kenntnis hatte, dessen Auftreten in Schleswig-Holstein zu Beginn des 19. Jahrhunderts vielfach belegt ist[31] und der 1817 in Husum gastierte, läßt Storm dessen fiktiven Schwiegersohn Tendler genau die beiden Marionettenstücke spielen, die der wirkliche Mechanikus über Jahrzehnte auch tatsächlich im Repertoire hatte.

Im zweiten Teil der Novelle wird ein Stück mit dem Titel „Der verlorene Sohn“ erwähnt, von dem Lisei bei ihrer zweiten Begegnung mit dem nun erwachsenen Paul erzählt. Über dieses Stück erfahren wir keine Einzelheiten; es handelt sich um eine bei den Marionettenspielern ebenfalls weit verbreitete dramatische Bearbeitung des Gleichnisses vom verlorenen Sohn aus dem Lukasevangelium[32]. Im Puppenspiel wurde besonders die Szene ausgeschmückt, in der der gescheiterte Sohn nach seiner Rückkehr die Schweine seines Vaters hüten muß und bei dieser Arbeit durch Kasperl verhöhnt wird.

Am Schluß der Novelle finden wir noch einen Hinweis auf ein viertes Marionettenstück. Als Josef Tendler auf dem Altenteil sitzt und das Glück seiner Tochter in der Geborgenheit einer bürgerlichen Existenz betrachten kann, ergreift ihn kurz vor seinem Tode noch einmal der Drang nach seinem alten Gewerbe. So repariert er die Puppen und das Theater, lernt eine ehemalige Souffleuse, das Körpel-Lieschen, zur Puppenspielerin an und läßt im Wochenblatt folgende Anzeige einrücken:

Morgen Sonntag Abend sieben Uhr auf dem Rathaussaale, *Marionetten-Theater* des Mechanikus *Joseph Tendler* hieselbst. Die *schöne Susanna*, Schauspiel mit Gesang in vier Aufzügen.

Bei diesem Stück, von dem wir durch den Mund des Erzählers keine Einzelheiten erfahren, weil Paul Paulsen als ehrbarer Handwerksmeister nicht in ein Marionettentheater geht, handelt es sich um die dramatische Bearbeitung eines Stoffs aus dem 1. Jahrhundert vor Christi Geburt. Susanne ist nach einem griechischen Zusatz zum Buche Daniel des Alten Testaments eine schöne und gottesfürchtige Jüdin in Babylon, die von zwei verschmähten Galanen fälschlich des Ehebruchs beschuldigt wird. Das geschickte Verhör des weisen Daniel rettet sie aber.

Susannen-Darstellungen sind in der bildenden Kunst seit dem 4. Jahrhundert nachweisbar; in der Renaissance ist sie häufig im Bade dargestellt worden. Im 16. Jahrhundert wurden verschiedene lehrhafte Dramen verfaßt; so gelangte der Stoff wie auch der der heiligen Genovefa über die Dramen der Wanderschauspieler auf die Marionettenbühne.

Man mag in der Erwähnung gerade dieser beiden Stücke durch Storm auch einen Hinweis auf die besonderen fraulichen Qualitäten Liseis sehen, die sich in der Ehe mit Paul Paulsen als tugendhafte Bürgerfrau bewährt, obwohl sie von „Vagabonden“ abstammt, denen selbstgerechte Bürger gerne unterstellten, einen unehrenhaften Lebenswandel zu führen. So weist nicht nur der Tod des Puppenspielers am Schluß der Novelle symbolisch auf das Ende des unsteten Lebens dieser fahrenden Leute hin, die sich aus eigener Kraft nicht gegen die Gefahren der Welt und des Wanderlebens schützen können; auch Liseis Rettung in eine gesicherte bürgerlich-handwerkliche Existenz wird nur möglich, weil sie der Welt ihrer Eltern entsagt und weil sie diejenigen Tugenden verkörpert, durch die sich auch die Heldinnen der Marionettenkomödien auszeichnen.

Der Wiener Literaturhistoriker Emil Kuh lobte die Novelle kurz nach ihrem Erscheinen; am *6. Januar 1875* schrieb er an Storm:

Wie gut handhaben Sie in Ihrem „Pole Poppenspäler" den österreichischen Dialekt! Waren Sie doch meines Wissens nur einmal auf wenige Wochen in Salzburg. Dichter und dichterische Naturen sehen gut, hören gut, schmecken und riechen alles genauer als andere Menschenkinder."

Ganz anderer Meinung war Paul Heyse, dem Storm die Buchausgabe der Novelle schickte, die 1875 bei Westermann in Braunschweig erschien und neben „Pole Poppenspäler" auch noch die Novelle „Waldwinkel" enthält.

11. Dezember 1875

Schönen Dank, lieber Storm, für Ihren zierlichen „Jüngsten", dessen erste Hälfte ich schon früher mein summa cum laude-Zeugniß ausgestellt habe. Pole Poppenspäler ist auch seinem Vater aus den Augen geschnitten, der ja bekanntlich zwei Gesichter hat, ein idyllisches und ein novellistisches im eigentlichsten Sinne. [...] Ich bin nur [...] dahin gekommen, daß ich immer etwas vermisse, wenn kein eigentlich novellistisches Motiv mir entgegenspringt, eines mit einer psychologischen Collision, ein Problem, wenn Sie lieber wollen. [...] Mit Ihrem Süddeutschen, Theuerster, steht es „man swack". Hätten Sie sich doch Lisei's Geplauder von meiner „geliebten Münchnerin" [das ist Heyses Frau] revidiren lassen, die auch mich noch immer auslacht, wenn ich das richtige Bayrisch zu stammeln wage.

Heyse stört an der Erzählung auch, daß seiner Ansicht nach kein „Falke" enthalten sei, das Dingsymbol, von dem er als notwendigem Bestandteil jeder Novelle in der Einleitung zu seinem „Novellenschatz", einer Sammlung von Novellen, gesprochen hatte. Storm antwortete ihm am *16. April 1876*:

Meines Doppelgesichts, dessen Sie in Ihrem letzten Brief erwähnten, bin ich mir, und war ich mir insbesondre auch eben bei Abfassung des Poppenspälers nur zu sehr bewußt; nehmen Sie einstweilen darin den „Casperle" als den Falken; so etwas ist er doch in der That. – Wo ist der Falke bei Göthe's Faust? Er müßte sehr zusammengesucht werden. Das soll

übrigens kein Argument gegen den von mir sehr respectirten Falken sein; ich meine nur es kann ein bedeutender poetischer Werth auch ohne ihn vorhanden sein. Die Unterscheidung von „Novelle" u. „Erzählung" ist übrigens gegeben. [...]
In p⟨un⟩cto meines Dialects hat offenbar die Liebe zu Ihrem schönen Münchner Kinde, von der ich zu erfahren hoffe, daß sie froh und gesund dem Lenz entgegengeht, Sie verblendet. Es soll ja kein Münchner Dialect sein; von G. Scherer u. E. Kuh habe ich die glänzenden Testimonien erhalten, „in wahrhaft intuitiver Weise hatte ich diesen gleichsam idealisirten Dialect getroffen". Was will man mehr!

Ganz in diesem Sinne hatte Storm bereits am *8. Februar 1874* an Georg Scherer geschrieben:

Uebrigens, Jugendschriftstellerei anlangend, bin ich – wo es sich um poetische Arbeiten handelt – der Ansicht, daß man nie für die Jugend schreiben darf; denn da der Stoff, der die Gesetze seiner Behandlung in sich trägt, sein Recht haben muß, so kann ich ihn nicht anders behandeln, wenn ich mir den großen Paul, als wenn ich mir den kleinen Peter als Leser denke: d. h. wenn ich mich nicht zum handwerksmäßigen Fabrikanten erniedrigen will. Es kommt demnach darauf an, einen Stoff zu finden, der auch bei sachgemäßer Behandlung, sich für die Jugend eignet.

Ein positives Urteil hat neben Emil Kuh auch der Germanist Erich Schmidt abgegeben; beide bestätigen, daß die Puppenspieler-Novelle eine gelungene Erzählung ist:

6. Januar 1875

Ihr „Pole Poppenspäler", verehrter Freund, ist ein prächtiges Stück. Sie haben gleichsam menschlich dichterisch für den Hanswurst getan, was Lessing und Justus Möser literarisch ästhetisch für ihn getan haben. Ein rührendes Bild ist der alte Puppenspieler. Wenn ich einmal meinen Storm-Essay revidiere und erweitere, dann wird es ein besonderer Reiz für mich sein, die Charakteristik des „Pole Poppenspäler" mit einem Exkurs über Ihren Behandlungston des Phantastischen zu verknüpfen.

23. November 1877

Der treffliche Pole Poppenspäler hat sich bei mir schnell ein warmes Plätzchen erobert. Das ist eine ganz reizende Geschichte:

Aus der Jugendzeit, aus der Jugendzeit
Schallt ein Lied mir immerdar

und ohne wehmütige Resignation, sondern mit der Freude, daß man noch hat, „was mein einst war". Ich habe für das Puppenspiel immer viel übrig und selbst die heutigen kümmerlichen Reste des Kasperletheaters

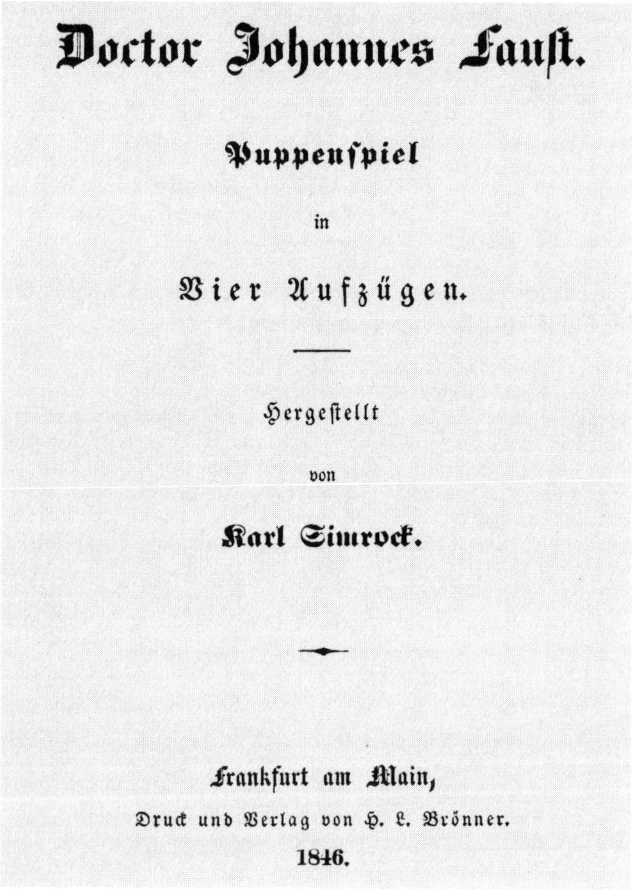
Doctor Johannes Faust.

Puppenspiel

in

Vier Aufzügen.

Hergestellt

von

Karl Simrock.

Frankfurt am Main,

Druck und Verlag von H. L. Brönner.

1846.

Abb. 8. Titelblatt des Faust-Puppenspiels von Karl Simrock. Frankfurt am Main 1846.

mit ihren stereotypen rohen Witzen und Keilereien finden an mir immer einen dankbaren Teilnehmer. Ein so herrliches Exemplar, wie der hölzerne Held Ihrer Geschichte war, bis er seinem Herren ins Grab folgte, ist mir leider nie begegnet. So, wie Sie es beschreiben, muß es gewiß jedem ordentlichen Kind vor den Marionetten zu Mute sein. Diese Reinheit und Größe erster Eindrücke einer neuen ungeahnten Welt, sei es aus einem Grimmschen Märchen, aus Puppenspiel, aus der ersten „Komödie" wird jetzt leider zumeist gar früh gründlich vergiftet. Ich bemerkte mit Vergnügen, wie fein Sie Simrocks wundervoll reconstruiertes Puppenspiel vom Faust und die kleine Abhandlung dazu sich für Ihre Novelle zu Nutzen gemacht haben.

Die Bedeutung der Novelle für die Jugendschriftenbewegung

„Was sollen Kinder und Jugendliche lesen?" war eine der umstrittenen Fragen der pädagogischen Diskussion des 19. Jahrhunderts. Als der Pädagoge Heinrich Wolgast 1896 in seiner Kampfschrift „Das Elend unserer Jugendliteratur" Storms Wort „Wenn du für die Jugend schreiben willst, so darfst du nicht für die Jugend schreiben" als Motto wählte, sollte die Novelle „Pole Poppenspäler" eine bedeutende Funktion bei der Neubesinnung über geeignete Lesestoffe für die Jugend erhalten.

Natürlich konnte Storms paradoxe Formulierung nicht verallgemeinert werden, doch die eindeutige Hinwendung zur künstlerischen Novelle, die Wolgast im Namen der Jugendschriftenbewegung vollzog, führte zu einer Klärung des Begriffs „Jugendliteratur", zu neuen Organisationsformen bei Sichtung und Vermittlung von Dichtung durch die mit dem Jugendschriftenproblem befaßten Pädagogen und Bibliothekare sowie zu verstärkten Bemühungen um eine eigenständige Kinderliteratur.

Pädagogische Bemühungen um geeignete Lesestoffe für die Jugend gibt es bereits in der zweiten Hälfte des 18. Jahrhunderts; eine Spur davon findet sich sogar in Storms Novelle. Als Lisei und Paul sich anfreunden, sitzt das Mädchen häufig bei Pauls Mutter und ist mit Näharbeiten beschäftigt. Paul erzählt:

> Ein paar Mal setzte ich mich daneben und las aus einem Bande von Weißens Kinderfreunde vor, den mein Vater einmal auf einer Auktion für mich gekauft hatte; zum Entzücken Liseis, der solche Unterhaltungsbücher unbekannt waren.

Es handelt sich dabei um eine Schriftenreihe, die von

Christian Felix Weiße (1726–1804) zwischen 1775 und 1782 unter dem Titel „Der Kinderfreund“ herausgegeben wurde. Die Reihe zählt zur philantropischen Kinderliteratur und schildert eine bürgerliche Familie, deren Unterhaltung Stoff für die Belehrung jugendlicher Leser hergibt. Neben kleineren Begebenheiten, Nachrichten aus nah und fern sowie von vergangenen Zeiten enthalten die Gespräche auch Spiele, Sprichwörter und Rätsel. In Ausschnitten wurde das vorgestellt, was man für lesenswert im Dienste der Erziehung hielt.

Wie klar Storm die pädagogische Bedeutung von Weißes Jugendschrift erkannt hat, zeigt die Schlußszene des ersten Novellenteils, als Paul Lisei zum Abschied dieses Buch schenkt und dadurch symbolisch auf die spätere Errettung der jungen Frau hinweist, die zum Leben an der Seite des bürgerlichen Handwerksmeisters die dazu erforderlichen Tugenden erlernen muß.

Als im 19. Jahrhundert Bücherspekulanten damit begannen, Jugendlektüren wie Massenspielzeug fabrikmäßig herzustellen, setzte eine Entwicklung minderwertiger Lesestoffe ein, gegen die Pädagogen einen oft hoffnungslosen Kampf führten. Die zeitgenössische Literatur war in der Regel nur für Erwachsene zugänglich; selbst in den Schulen reichte der Lektürekanon nicht über die Klassiker Goethe und Schiller hinaus. Nun wurde Storms „Pole Poppenspäler“ zur Programm-Novelle der Jugendschriftenbewegung, nachdem Wolgast in der „Jugendschriftenwarte“[33] ihre ausgezeichnete Eignung nachgewiesen hatte. Der Stoff schien geeignet, weil durch die Puppentheater-Stücke das Interesse der jugendlichen Leser geweckt und eine populäre Bildungsquelle erschlossen werden konnte. Die rein epische Sprache Storms ist einfach und dadurch auch jüngeren Lesern verständlich; abstrakte Ausdrücke und Reflexionen fehlen. Die Komposition ist leicht durchschaubar; das Puppenspiel und die beiden Hauptfiguren bilden das Rückgrat, an das die anderen Personen und ihr

Schicksal angegliedert werden; die Motivführung ist einheitlich, und die Teile befinden sich im Gleichgewicht. Die Charaktere sind scharf umrissen und führen ein deutliches Eigenleben; Storm vermeidet dabei aber Schablonisierungen.
Wegen dieser Vorzüge erschien Weihnachten 1899 Storms Novelle, mit Zustimmung der Erben vom Hamburger Jugendschriftenausschuß herausgegeben, bei Westermann in Braunschweig als erste preiswerte Jugendausgabe der deutschen Literatur. Der Preis für die kartonierte Ausgabe betrug 50 Pfennig; gebunden kostete ein Exemplar eine Mark. Dieser Preis blieb bis 1916 unverändert und wurde erst 1917 auf 80 Pfennig erhöht.
Damit war eine Entwicklung eingeleitet, in deren Folge noch weitere heute bekannte Jugendschriften bedeutender Autoren preiswert auf den Markt gebracht wurden, um eine positive Schundbekämpfung durch Schaffung billiger Lektüresammlungen zu ermöglichen.
In unserem Jahrhundert ist die Novelle immer mehr zu einer Standard-Lektüre des Deutschunterrichts geworden. Die Puppenspielergeschichte hat sich als sehr geeignet erwiesen, in die Novelle des 19. Jahrhunderts einzuführen und findet sich deshalb unter den Lektürevorschlägen der Richtlinien für den Deutschunterricht in den meisten Bundesländern. Eine Fülle von preiswerten Leseausgaben, die sich speziell an die Schulen wenden, zeugt von diesem pädagogischen Interesse; auch sind eine Reihe von didaktischen Unterrichtsmodellen erschienen (vergl. dazu das Literaturverzeichnis), in denen Hinweise und Handreichungen für die Behandlung im Unterricht gegeben werden.
Aber auch ein verstärktes literaturwissenschaftliches Interesse ist festzustellen; in den letzten Jahren sind Fragen der Interpretation der Novelle – auch in den „Schriften der Theodor-Storm-Gesellschaft" – kontrovers diskutiert worden (vergl. die Angaben im Literaturverzeichnis).

All das zeigt, wie lebendig die Erzählung Storms auch mehr als hundert Jahre nach ihrer Erstveröffentlichung geblieben ist; neben dem „Schimmelreiter" zählt sie zu den meistgelesenen Werken des Husumer Dichters.

Abb. 9. Umschlag der Ausgabe von Heinrich Wolgast, Braunschweig 1898.

Anmerkungen

1 Vergl. Dieter Lohmeier: Zur Druckgeschichte der „Ersten Gesamtausgabe“ von Theodor Storm. In: Schriften der Theodor-Storm-Gesellschaft 35 (1986), S. 16–24.

2 Zu den gedruckten Briefen von und an Storm vergl. das Literaturverzeichnis; bei Briefen, die nach der Handschrift zitiert werden, ist der Standort angegeben.

3 Eine genaue Dokumentation findet sich in dem Beitrag von Gerd Eversberg: „Pole Poppenspäler“ – zensiert (s. im Literaturverzeichnis).

4 Bayrische Staatsbibliothek München.

5 Deutsche Bücherei Leipzig.

6 Die Handschrift befindet sich im Storm-Archiv, Husum.

7 Über die Geschichte dieser Handschrift vergl. Karl Ernst Laage: Entstehung und Schicksal des „Pole Poppenspäler“-Manuskripts (s. im Literaturverzeichnis).

8 Vergl. dazu den Kommentar zu Storms Sämtlichen Werken, Bd. 2, hg. v. Karl Ernst Laage, Frankfurt am Main 1987, S. 841. (Im folgenden: LL.)

9 Theodor Storm: Pole Poppenspäler. Sämtliche Werke Bd. 9, Braunschweig 1889, S. 107 f.

10 Volksbuch auf das Jahr 1849 für die Herzogtümer Schleswig, Holstein und Lauenburg. Hg. von Hermann Biernatzki. Altona 1848, S. 50–53. Dieser nicht namentlich gezeichnete Text („Mitgetheilt“) steht in unmittelbarer Nähe zu der Erzählung: „Weshalb sie den Nachtwächter nicht begraben wollten“, der mit einiger Wahrscheinlichkeit von Theodor Storm niedergeschrieben wurde (vergl. dazu die Anmerkungen von Dieter Lohmeier in LL 4, S. 760 ff.). Es ist durchaus möglich, daß auch „Die Dorfcomödie“ neben einigen anderen nur als „mitgetheilt“ gekennzeichneten Beiträgen in den „Volksbüchern“ aus Storms Feder stammt, beweisen läßt sich diese Vermutung jedoch nicht.

11 Exemplare des Jahrgangs 1817 befinden sich im Nissenhaus Husum.

12 Erstmals erschienen 1788. Hinrich Hudde: Theodor Storm und Bernardin des Saint-Pierre. in: arcadia Bd. 11 1976, S. 178–184.

13 Bogumil Goltz: Puppenspiel im Dorfkruge. In: B. G.: Buch der Kindheit. Berlin 1847, S. 439–452.

14 Karl von Holtei: Die Vagabunden. Breslau 1852; hier zitiert nach der 6. Auflage von 1880.

15 Der Puppenspieler Dreher ist eine historisch verbürgte Gestalt. Sein Faust-Puppenspiel machte viel Aufsehen in Berlin, wo er im ersten Jahrzehnt des 19. Jahrhunderts spielte. Er soll nach dem Zeugnis des Mechanikus' Geisselbrechts der erste Puppenspieler gewesen sein, der seine lustige Figur in „Kasperl“ umbenannt hat.

16 Gottfried Keller: Der grüne Heinrich. Roman. Erstfassung: 1853; überarbeitete Fassung: Stuttgart 1880.

Der Textauszug entstammt dem elften Kapitel und ist „Theatergeschichten. Gretchen und die Meerkatze“ überschrieben.

17 Husumer Tageblatt Nr. 214 vom 12. September 1917.

18 Karl Ernst Laage: Theodor Storm in Husum und Nordfriesland. Ein Führer durch die Stormstätten. Heide 1979, S. 38.

19 Theodor Storm an seine Eltern. In: Theodor Storm. Briefe, hg. von Peter Goldammer. Berlin 2. Aufl. 1984, S. 447.

20 Gertrud Storm: Vergilbte Blätter aus der grauen Stadt. Regensburg 1822, S. 24–27.

21 Vergl. Karl Ernst Laage: Das Puppenspiel „Dr. Johann Faust“ (s. im Literaturverzeichnis).

22 Doktor Johannes Faust. Puppenspiel in vier Aufzügen hergestellt von Karl Simrock. Hg. von Günther Mahal. Stuttgart 1991. (RUB 6378.) Vergl. Gerd Eversberg: Doktor Johann Faust (s. im Literaturverzeichnis).

23 Bruno Golz: Pfalzgräfin Genovefa in der deutschen Dichtung. Leipzig 1897.

24 Karl Simrock: Die deutschen Volksbücher. Bd. 1, Frankfurt am Main 1845, S. 381–389.

25 Das niederländisch-deutsche Puppenspiel von Genovefa erschien erstmals 1876 in der von Carl Engel herausgegebenen Sammlung „Deutsche Puppenkomödien“ (Oldenburg) im Druck; die niederösterreichische Fassung wurde von Kralik und Winter 1885 unter dem Titel „Deutsche Puppenspiele“ (Wien) veröffentlicht.

26 Ludwig Tieck: Leben und Tod der heiligen Genovefa. Ein Trauerspiel. In: L. T.: Romantische Dichtungen. Jena 1799 f. Bd. 2, S. 1–330.

27 Maler Müller (d. i. Friedrich Müller): Golo und Genovefa. Ein Schauspiel in fünf Aufzügen. In: Maler Müllers Werke. Heidelberg 1811, Bd. 3, S. 1–420.

28 Friedrich Hebbel: Genovefa. Tragödie in fünf Akten. Hamburg 1843.

29 Hebbel beschreibt die Szene im ersten Akt folgendermaßen: „Man sieht durch die nach hinten geöffneten Fenster einen steil empor ragenden Turm.“ (S. 81)

30 „Ein Trompetenstoß“ (S. 86); „Trompetenstoße“ (S. 88); „Drei heftige Trompetenstöße“ (S. 89); „Bald hört man hinter der Szene lustiges Trompetengeschmetter“ (S. 90).

31 Gerd Eversberg: Der Mechanikus Georg Geisselbrecht. Zur Geschichte eines wandernden Marionettentheaters um 1800. In: Kleine Schriften der Gesellschaft für Theatergeschichte, H. 34/35, Berlin 1989, S. 105–128.

32 Lukas 15, 11–32.

33 Heinrich Wolgast: Pole Poppenspieler. In: Jugendschriften-Warte 54 (1897), Nr. 4, S. 13–15.
Vergl. auch Heinrich Wolgast: Das Elend unserer Jugendliteratur. (zuerst 1896) Worms ^{7}1951.

Literaturverzeichnis

Briefausgaben

Theodor Storm – *Paul Heyse*. Briefwechsel. Hg. v. Clifford Albrecht Bernd. 3 Bde. Berlin 1969 ff.

Briefwechsel zwischen Theodor Storm und *Emil Kuh*, veröffentlicht von Paul R. Kuh. In: Westermanns Monatshefte 67 (1889/90).

Theodor Storms Briefwechsel mit *Theodor Mommsen*. Hg. von Hans-Erich Teitge. Weimar 1966.

Theodor Storm. Briefe an *Georg Scherer* und Detlev von Liliencron. Hg. von Franz Stuckert. In: Schriften der Theodor-Storm-Gesellschaft 3 (1954), S. 19–43.

Theodor Storm – *Erich Schmidt*. Briefwechsel, hg. von Karl Ernst Laage. 2 Bde, Berlin 1972/1976.

Theodor Storm. Briefe, hg. von Peter Goldammer. 2 Bde. Berlin [2]1984.

zu „Pole Poppenspäler"

Gerd Eversberg: Theodor Storm. Pole Poppenspäler. Hollfeld 1984. (Königs Erläuterungen und Materialien, Bd. 194/194a.)

Ders.: Theodor Storm. Pole Poppenspäler. Eine Einführung in die Novelle für die Klassen 8 bis 10. Hollfeld 1984. (Bausteine Deutsch.)

Ders.: „Pole Poppenspäler" – zensiert. In: Schriften der Theodor-Storm-Gesellschaft 38 (1989), S. 55–62.

Katharina Faßbinder: Storm. Pole Poppenspäler. Paderborn 1941. (Wege zu Dichtern und ihren Werken.)

Winfried Freund: Reif werden für die Liebe. „Pole Poppenspäler" als Entwicklungsnovelle. In: W. F.: Theodor Storm. Stuttgart 1978, S. 79–89.

Rüdiger Frommholz: „Pole Poppenspäler" – Kinder- oder Künstlergeschichte? In: Schriften der Theodor-Storm-Gesellschaft 36 (1987), S. 19–36.

Heinrich Hudde: Theodor Storm und Bernardin de Saint Pierre. Zum Einfluß von Paul et Virgine auf „Drüben am Markt", „Pole Poppenspäler" und „Psyche". in: arcadia 11 (1976), S. 178–184.

Karl Ernst Laage: Das Puppenspiel „Dr. Johannes Faust". Eine Quelle für Storms „Pole Poppenspäler". In: Zeitschrift für deutsche Philologie 99 (1980), S. 581–589. Auch in: K. E. L.: Theodor Storm. Studien zu seinem Leben und Werk. Berlin [2]1988, S. 37–42.

Ders.: Entstehung und Schicksal des „Pole Poppenspäler"-Manuskripts. In: Schriften der Theodor-Storm-Gesellschaft 35 (1986), S. 30–37.

Ders.: Theodor Storm und das Puppenspiel. Ein zusätzlicher Kommentar zur Lektüre der Novelle „Pole Poppenspäler". In: Dichtung, Wissenschaft, Unterricht. Rüdiger Frommholz zum 60. Geburtstag. Paderborn 1986, S. 200–208.

Otto Ladendorf: Theodor Storm. „Pole Poppenspäler“, „Ein stiller Musikant“. Leipzig 1905.

Horst Schroeder: „Pole Poppenspäler“ und die Schule. In: Schriften der Theodor-Storm-Gesellschaft 24 (1975), S. 36–56.

Auguste Stegelmann: Formgesetze des Schaffens in der epischen Kunst Theodor Storms unter besonderer Berücksichtigung der Erzählung „Pole Poppenspäler“. Diss. (Masch.) Marburg 1922.

Hartmut Vinçon: „Pole Popenspäler“. In: H. V.: Theodor Storm. Pole Poppenspäler und andere Novellen. München 1982, S. 246 ff.

Ders.: Gefährdete Idylle. Theodor Storm. Pole Poppenspäler (1874). In: Walter Zimorski (Hg.): Theodor Storm. Studien zur Kunst- und Künstlerproblematik. Bonn 1988, S. 47–75.

Heinrich Wolgast: „Pole Poppenspäler“. In: Jugendschriften-Warte 5 (1897), S. 13–15.

Ders.: „Pole Poppenspäler“ unter konfessionellem Gesichtspunkt. In: Jugendschriften-Warte 8 (1900), S. 17–19.

Abbildungsverzeichnis

Über den Dichter

Theodor Storm, geb. am 14. September 1817 in Husum, Rechtsanwalt in Husum (1843–1852), Gerichtsassessor und Kreisrichter in Potsdam und Heiligenstadt (1853–1864), Landvogt, Amtsrichter und Amtsgerichtsrat in Husum (1864–1880), Alterssitz in Hademarschen in Holstein (1880–1888). Am 4. Juli 1888 gestorben und auf dem St.-Jürgen-Friedhof in Husum beigesetzt. Bekannter Lyriker („Die Stadt", „Oktoberlied", „Für meine Söhne", „Über die Heide", „Geh nicht hinein") und Novellist („Immensee", „Auf der Universität", „Pole Poppenspäler", „Aquis submersus", „Hans und Heinz Kirch", „Ein Doppelgänger", „Der Schimmelreiter"). In viele Sprachen übersetzt.

Über dieses Buch

Eine der bekanntesten Novellen Storms ist seine Jugenderzählung „Pole Poppenspäler". Der Dichter hat mit dieser 1874 geschriebenen Auftragsarbeit ein sehr anschauliches Bild vom Leben der Marionettenspieler des 19. Jhds. gezeichnet. Nach seinem Tode wurde die Novelle als Mustererzählung der Jugendschriftenbewegung gewählt und wird bis heute oft im Unterricht der Schulen gelesen.

Herausgeber

Dr. Gerd Eversberg, Sekretär der Theodor-Storm-Gesellschaft und wissenschaftlicher Leiter des Storm-Zentrums, Husum. Studium der Germanistik, Theaterwissenschaften und Philosophie an der Universität Köln; Promotion über den Fauststoff auf dem Theater vor Goethe. Veröffentlichungen zum Marionettentheater des 18. und 19. Jahrhunderts, zur Fachdidaktik Philosophie, zum Deutschunterricht und über Theodor Storm.